李建臣 ◎ 主编

远方出版社

图书在版编目（CIP）数据

童第周的故事 / 李建臣主编 . -- 呼和浩特 : 远方出版社, 2022.12
（"榜样代代传"系列丛书）
ISBN 978-7-5555-1826-6

Ⅰ. ①童… Ⅱ. ①李… Ⅲ. ①童第周（1902-1979）－生平事迹－青少年读物 Ⅳ. ①K826.15-49

中国版本图书馆CIP数据核字（2023）第000337号

童第周的故事
TONG DIZHOU DE GUSHI

主　　编	李建臣
责任编辑	孟繁龙
封面插画	吴幸婷
内文插画	尹爱婷
封面设计	VIOLET 01152979738
版式设计	曹　驰
出版发行	远方出版社
社　　址	呼和浩特市乌兰察布东路666号　邮编010010
电　　话	（0471）2236473总编室　2236460发行部
经　　销	新华书店
印　　刷	天津中印联印务有限公司
开　　本	880毫米×1230毫米　1/32
字　　数	114千
印　　张	6.75
版　　次	2022年12月第1版
印　　次	2023年4月第1次印刷
印　　数	1—5000册
标准书号	ISBN 978-7-5555-1826-6
定　　价	42.00元

如发现印装质量问题，请与出版社联系调换

编者序

吾辈自强　强国有我

对于青少年来说，他们正处于长身体、长知识和形成世界观的重要时期，兴趣广泛、可塑性强，各方面都还不成熟。如何紧扣时代脉搏，与时俱进地帮助青少年树立正确的人生观、价值观和世界观，是家庭、学校和社会需要共同思考的问题。

党的十八大以来，以习近平同志为核心的党中央高度重视青少年的思想政治教育，习近平总书记在许多场合对加强青少年思想政治教育发表了一系列重要讲话，内容涵盖立德树人、社会主义核心价值观的培育和践行、以文化人、以文育人、教育合力构建、加强党的领导等。这些重要论述，充分体现了以习近平同志为核心的党中央对青少年成长成才的亲切关怀和殷切期待，立意高远，思想深邃，形成了内涵丰富的思想政治教育理论体系，为提升青少年思想政治教育科学化水平指明了方向。

榜样教育是青少年品格塑造的一种重要形式，应科学合理地树立榜样，为青少年追求真理、完善人格、实现理想指明方向，并源源不断地提供精神力量，从而培养青少年爱国、奉献、创新、求真、务实的崇高品质。

为了帮助青少年向榜样看齐，向使命聚焦，汲取榜样的力量，感受其家国情怀以及进取、奉献的优秀品质，我们组织多位专家学者编撰"榜样代代传"系列丛书，介绍了钱学森、竺可桢、钱伟长、华罗庚、钱三强、苏步青、李四光、童第周、陈景润及邓稼先等科学先驱的事迹。这些科学家学习成绩优异，科技成果突出，得到了国际学术界的广泛认可。他们每一个人都深深知道：科学无国界，科学家有祖国。钱学森说："我的事业在中国，我的成就在中国，我的归宿在中国。"李四光说："要把所学到的知识,全部奉献给我亲爱的祖国。"邓稼先说:"假如生命终结后可以再生,那么,我仍选择中国,选择核事业。"他们不惜牺牲个人利益,远跨重洋回到生活与科研均"一穷二白"的祖国,在各自的领域自力更生、攻坚克难、开拓创新,为我国的社会主义建设和国防安全做出卓越的贡献。

鲁迅先生在《中国人失掉自信力了吗》一文中发声:"我们从古以来,就有埋头苦干的人,有拼命硬干的人,有为民请命的人,有舍身求法的人……"历史的风雨、生活的磨难,阻挡不了这些人前行的脚步。正是他们扛起了中华民族伟大复兴的重任,他们无愧为"中国的脊梁"。有人不禁要问:今天的青少年长大后,还能不能扛起重任?

要回答今天的青少年还能不能扛起重任的问题,我想起了梁启超先生100多年前的期许——"少年智则国智,少年强则国强。"

榜样是一面旗帜,榜样是一座灯塔,榜样是一种动力,可以为当代青少年引领方向,指导他们奋勇前行。这套"榜样代代传"系列丛书的出版初衷,就是希望青少年以老一辈科学家为榜样,学习他们胸怀祖国、服务人民的爱国精神,勇攀高峰、敢为人先的创新精神,追求真理、严谨治学的求实精神,淡泊名利、潜心研究的奉献精神,集智攻关、团结协作的协同精神,以及甘为人梯、奖掖后学的育人精神,并将这些可贵的品质吸收为个人的精神财富与进取动力,做有理想、有本领、有担当的新时代青少年。

目录

第一章　勤学志气高

互相帮扶的兄弟情　　/ 003

学习贵在"滴水穿石"　　/ 007

想上"洋学堂"的"小先生"　　/ 012

效实中学的插班生　　/ 015

差生立下"军令状"　　/ 021

从倒数第一到正数第一　　/ 024

第二章　漫漫求索路

进退两难的选择　/ 033

"猫鼠实验"的启蒙　/ 036

两位恩师的引领　/ 040

由公务员"转行"的科学家　/ 044

志趣相投的人生伴侣　/ 049

第三章　异国显锋芒

赌气出国留学　/ 057

遇贵人，拜名师　/ 063

中国人绝不比别人笨　/ 069

爱国无罪　/ 074

"我的祖国需要我"　/ 083

第四章　心怀报国梦

与山东大学共命运　/ 091

再苦再难也要做实验　/ 099

惨遭"毒手"的实验金鱼　/ 103

淘来的宝贝　/ 105

与英国学者李约瑟的缘分　/ 114

第五章　危难见担当

日货廉价，尊严不廉价　/ 121

声援学生运动　/ 125

与"三青团"的两次交锋　/ 130

赴美考察避风头　/ 136

"我要赶快回国去"　/ 140

第六章　甘当"拓荒牛"

党中央特批的还债款　/ 145

最权威的文昌鱼研究专家　/ 150

被迫上任的副校长　/ 153

新中国海洋科学的"启明星"　/ 156

让海洋研究为民生服务　/ 162

与牛满江的科研合作　/ 165

"童鱼"降世　/ 170

第七章　奋斗不容间

实事求是的践行者　/ 179

爱妻的离世　/ 184

桃李满天下的教育家　/ 189

出公忘私的老科学家　/ 195

永不停息地探索　/ 199

第一章 勤学志气高

小小的童第周对这个道理还似懂非懂，为了证实父亲的话，以后碰到下雨的时候，他便坐在门槛上，目不转睛地盯着雨水，看它们怎样一滴一滴地在石板上滴出小坑来。

互相帮扶的兄弟情

在离浙江宁波不远的鄞县（今宁波市鄞州区）东乡，有一个山清水秀的小山村，名叫童家岙。村子里有一座典型的南方民居，依地势而建。东面一条潺潺的清溪缓缓流过，溪边是一条由鹅卵石铺成的 1 米多宽的石子路，路边有一个 45 度倾斜的石阶，沿石阶走上去就是房子的大门。从东面的门进去，可以看见一幢坐北朝南的楼房。庭院中间有一个 5 平方米的天井，由鹅卵石铺成，周围是用方正狭长的青石砌成的石阶沿。天井东西各有两间小厢房，通常作为厨房，兼作农具、农作物堆放的杂物间。

童第周的故事

1902年5月28日，童第周在靠西边的那间房子里出生了。

童氏的先祖曾在朝为官，深受儒家思想的影响，家学渊源绵延深厚，只是到童第周的太祖这一辈，家道中落，童第周的曾祖父童诗绪、祖父童书礼都没有考中秀才，不过两人都先后捐了"国学生"，以延续知书达礼的家风。

童第周的父亲童兆甲从小聪慧过人，而且读书很用功，后来在乡试时一举考中秀才，由此也有了文人名号，取字如祥，号梅芳。遗憾的是，他体弱多病，童书礼见儿子身体不太好，决定让他早些成家。童兆甲娶妻后，共育有五男三女。童第周在兄弟姐妹中排行第七，上有三个哥哥、三个姐姐。

童第周出生时，祖父童书礼觉得儿孙安康就是最大的福气，他说："孩子长大成人不容易，要叫他既好学，又平安，样样都周全。"童第周排"第"字辈，于是便有了这个寄托祖辈希望的名字。

后来童兆甲因父亲童书礼年迈，加之自身体弱，无法去考举人，其学业不得不中断。童兆甲很早就有兴办学堂的志向，于是就在童家岙创办了第一家私塾，建起

第一章
勤学志气高

了文昌阁,立志发展村里的教育,教化乡邻,造福后代。

童兆甲品行端正,平日里不爱多说话,他传道授业,严慈相济,对学生要求严格,注重言传身教。因此,乡亲四邻都很敬重他,恭敬地称他"如祥先生"。他思想开明,把仁义道德看得很重,文昌阁除了招收村里的适学孩童外,也接收附近村子的幼童读书,甚至减免贫困生的学费。事实证明,知识改变命运。如今的童家岙已经成为遐迩闻名的"教授村",涌现出数十位教授和高级工程师。

在童兆甲的影响下,童第周兄弟五人都爱读书、勤动笔,后来个个争气,童家因此被当地百姓传颂为"五子登科"的书香门第。

长子童第锦,字葵孙,继承父亲遗志,在文昌阁的基础上创办了冠山小学,自任学校主事。

次子童第德,字藻孙,读完私塾后又就读于宁波省立第四师范学校,后考入北京大学,越过预科直入正科文科。他师从章炳麟、黄侃、马一浮等名师,后来成为古典文学研究专家,曾任中华书局编审,著有《韩集校诠》等书,可与章士钊的《柳文指要》相媲美。

三子童第谷,字芗孙,毕业于复旦大学政法系,长期在银行供职,位至国民政府农民银行办公室主任。

五子童第肃,字庄孙,毕业于浙江大学土木工程系,是水利工程专家,新中国成立后曾担任治理淮河的总工程师。

童家兄弟之所以个个都能成才,除了他们自身的努力外,还得益于兄弟间的互相帮扶。童兆甲在世时,长子童第锦便子承父业,一边务农,一边在私塾当先生,教村里的学童念书识字。兄弟五人,老大、老二是由父亲童兆甲出资上学,到老三、老四、老五上学的时候,因为童兆甲已经过世,于是采取接力的办法,由已经学成的兄长资助年幼的弟弟上学。童家子弟恪守祖训族规,勤俭节约,兄友弟恭,总是自觉省下钱来供兄弟读书,而且毫无怨言,这也是童氏家族兴旺的原因之一。

由于父亲很早过世,童第锦便义无反顾地承担起教育弟妹和管理整个家庭的责任,童第周十分尊敬和佩服大哥,大哥的一言一行也深深地影响着他。二哥童第德推崇王阳明的哲学思想,将王阳明"知行合一""知行并进"等学说以及"格物""致知"的方法教给童第周,也影响了童第周以后的科研生涯。

上中学时,童第周曾立志钻研哲学,大学报考的也是哲学系。后来在生物学研究中,他主张学习基础理论和科研实验一起抓,知识要学好,但是实验也不可偏废。他注重运用哲学的辩证唯物主义观点,去解决生命科学探索中的一些难题,通过这种研究方法,他取得了显著的成果。这一切跟他从小受二哥童第德的影响是分不开的。

学习贵在"滴水穿石"

1908年,童第周6岁,已经到了上学的年纪。父亲童兆甲按照"程氏教育计划",先让他学习程逢原的《性理字训》,达到一定的识字量以后,又试着让他读朱熹的《小学》,稍大些再教他读四书五经。

童兆甲还特别重视让子女学习宁波当地名贤的著作,如名儒王应麟的《三字经》、汪洙的《神童诗》,思想家王阳明的《传习录》等。楚辞汉赋、唐诗宋词、韩愈散文等也在必读之列。

在教育方式上,童兆甲推崇循序渐进、温故知新、积少成多的方法。这些启蒙教育，对童第周兄弟的一生都产生了深远的影响。童第周的诗词功底很好，不仅能写格律诗，还会写自由体诗。在后来的日常生活和科研工作中，他常常有感而发，赋诗言志，并在《诗刊》等刊物上发表诗词作品。

童第周从小就好奇心旺盛，总爱问"为什么"。他弄不懂鱼是怎么生出来的，虾又是从何而来……

有一次，童第周在阶沿上玩"跳房子"游戏，突然，石板上排列得整整齐齐的一行小坑，吸引了他的目光。这是谁凿的呢？凿这一排小坑有什么用？他把父亲从屋里拉出来，问父亲这排小坑是怎么来的，为什么大小一样，而且这么整齐。

父亲一看顿时笑了，说："小傻瓜，这些坑不是人凿的，是檐头水滴出来的！"

童第周不相信，小脑袋一歪，说："阿爹骗人！檐头水那么轻，滴在头上一点也不疼，怎么能在这么硬的石板上滴出坑来？"

父亲耐心地解释道："一滴水当然滴不出坑来，但是如果长年累月不断地滴，不但能滴出坑来，而且还能滴穿石板呢。这就是我们常说的'滴水穿石'呀！"

第一章
勤学志气高

小小的童第周对这个道理还似懂非懂，为了证实父亲的话，以后碰到下雨的时候，他便坐在门槛上，目不转睛地盯着雨水，看它们怎样一滴一滴地在石板上滴出小坑来。

童兆甲去私塾讲课时经常带着童第周，他在台上讲课，童第周在台下不吵不闹，安静地坐着听讲；他写字时，童第周就趴在桌子上，出神地看着。

童兆甲总在写字时语气轻缓地说：“小孩子要爱读书，要养成爱清洁的好习惯。纸张来之不易，小孩子学写字，不要把纸弄皱，也不要把纸弄脏。”

这时，童第周总是用稚嫩的童音回应："我要读书，我要写字，我听阿爹的话。"

童第周第一次写字时，由于不会握毛笔，不小心把墨沾到了手上。他担心把纸弄脏，连忙叫父亲给他洗手。学会了正确的握笔姿势后，他每天都坚持写几张字，不但写得工工整整，而且纸上也很干净整洁。

到八九岁时，童第周和村里所有的农家孩子一样，开始帮家里放牛羊、割猪草、刨番薯等，非常勤快。因为父亲收入微薄，家中开销又比较大，他只能白天帮家里干农活，晚上再读书。

童第周的故事

有一年农忙季节,童第周天天忙着干活,没有什么时间读书,学习时断时续。他逐渐失去了信心,对父亲说:"阿爹,我现在只靠晚上学一点,恐怕也学不了多少,干脆不学了吧!"

童兆甲明白他的苦处,于是耐心劝导他:"还记得你小时候在檐下问过我,又轻又小的檐头水为什么能把石板滴穿吗?那个时候一下雨,你就坐在门槛上盯着那些小坑看。你若保持一颗恒心,那就如檐头水一般,久而久之定能穿石。读书只要一点一滴地积累,坚持不懈,最后必能学有所成。"

父亲的一番话,使童第周彻底明白了"滴水穿石"的事理,更坚定了读书的信心。为了鼓励童第周坚持学习,父亲挥笔写下"滴水穿石"四个大字赠给他,并满怀期望地对他说:"你要把它作为座右铭,时刻谨记心中。"

童第周看着父亲写的字,认真地点了点头。这以后,他一边干农活,一边坚持不懈地学习,凭着自身努力打下了坚实的文化基础。

想上"洋学堂"的"小先生"

1916年,由于父亲童兆甲因病去世,家庭的重担一下子压在了长子童第锦的肩上,他实在没有能力送四弟去上学了。因此,童第周只能一边代替父亲做私塾教师(人称"小先生"),一边在大哥的指导下继续自学文化课。

每到寒暑假,村里那些在宁波上学的学生放假回来,童第周总是凑上前去,向他们打听"洋学堂"的事情,比如学校里有几个班级、每个班级都学些什么、功课难不难、老师好不好,等等。那些从来没有听说过的新鲜事,让他对这些学生羡慕不已。即使夜里做梦,他也经常梦到上学的情景。

斗转星移,童第周的二哥童第德从北京大学毕业了,童第周终于等来了上学的机会。童第德经老师推荐,去了宁波效实中学教书,他还特地回家探望了亲人。他知

第一章
勤学志气高

道四弟一直很想读书,于是向大哥提出带童第周到宁波去上学的想法。

童第周开心极了,他终于不用再在梦中上"洋学堂"了。他兴奋地拉着童第德的手说,他也要像二哥那样,将来成为一个有学问、有价值的人。

童第锦本来就因为无法供四弟上学而愧疚难当,如今二弟学成归来,积极回馈家庭,让四弟有书可读,这让童第锦觉得自己所有的付出和艰辛都是值得的。当然,这一切都得益于父亲童兆甲的教导,父亲曾对他们耳提面命,说一家人最难得的就是患难与共、团结和睦。

全家人经过讨论,决定送童第周去读宁波第四师范学校。这所学校免费提供食宿,童第周去那里读书,既可以减轻家中的负担,又可以在毕业后当教书先生,自食其力。

1918年8月底,童第周告别朝夕相处的家人和朋友,跟随二哥童第德来到宁波,进入宁波第四师范学校预科班学习。

在"洋学堂"的学习时光转眼即逝,到暑假的时候,童第周回到家里,在家人关切的问询下,犹豫地拿出了自己的成绩单。

童第周的故事

童第锦看了成绩单,发现童第周的数学成绩很不理想,不由得皱起了眉头。童第锦也知道偏科不能怪童第周,他只跟着自己上过几年私塾,而且是半农半读,其间从未接触过数学,成绩单上其他科目的成绩还可以,说明他并未荒废学业。于是,他勉励了童第周一番,希望四弟继续努力,将来毕业后报效乡里,回乡办一所现代化的学校。

童第周在宁波接受了一年的现代教育后,他的眼界开阔了,既看到了中华传统文化的博大精深,也看到了现代科学世界的浩瀚无垠。根据当时的规定,童第周从师范学校毕业后只能分配去做小学老师。但此时的他已经不满足于在师范学校的学习,他的心已经飞出了师范学校,向往广阔的天地。

第一章
勤学志气高

效实中学的插班生

到师范学校的第二学年期末,童第周的成绩已经相当不错了,尤其是数学进步飞快。这时,他脑子里蹦出了一个大胆的想法——报考效实中学。

童第周这个想法无疑是受到了兄长们成长轨迹的影响,他的二哥、三哥都是从师范学校毕业的,但并没有循规蹈矩地回到村里做老师,而是打破常规,勇敢追求自己向往的学业。

效实中学是一所私立学校,由宁波的爱国人士和文化名流于1912年创办。"效实"之名,出自严复所译《天演论》中的"物竞天择,效实储能",取"责效于实,期在可行"的意思。

在效实中学,除了中国历史、国文课程,其他科目都是使用英语课本并且用英语讲授。从1917年起,效实中学与上海复旦大学、圣约翰大学、光华大学等校订立特约,凡从效实中学毕业的学生可免试保送进入大学。因此,该中学在浙江省名气很大,当然学费也很高。当地有地位、有财力的人家都想方设法把孩子送进效实中学。

童第周也有转学的意向,但面临着诸多困难。当时师范学校规定,若学生中途退学,必须补缴学习期间免交的学费和食宿费。童第周已经在师范学校学习了两年,需要补缴的费用对家里来说是个沉重的负担。他思前想后,鼓足勇气去找孙绍康校长,向他表明自己的志向,希望能得到校长的理解和支持。他的真挚和勇气打动了孙校长,经过商议,学校同意他转学并无需补缴费用。

放假回到家,童第周谨慎地向大哥说出了自己的想法。童第锦十分惊讶,效实中学是全省有名的好学校,四弟虽然成绩不错,但基础并不扎实,贸然转学未免有点好高骛远。而且效实中学的很多课程都是用英语教学,四弟的英语底子那么薄,能跟得上学习进度吗?

想到这里,童第锦提醒道:"蔚孙,听说效实中学大部分课程全部采用英语讲课,你没有英语基础,能行吗?"

童第周胸有成竹地说:"大哥,这个我不怕,我从一年前准备报考效实中学起,就开始自学英语了。现在刚放暑假,离考试还有两个月的时间,我争取通过入学考试。"

童第锦见四弟一副不达目的誓不罢休的样子,只好答应他的要求,并问他有没有需要家里帮忙的地方。童第周回答:"大哥,我只有一个要求。"

"你说吧,什么要求?"童第锦问道。

"如果我考上效实中学,希望家里支持我念到毕业。"童第周充满期待地看着大哥说。

"好,你抓紧时间准备吧。"童第锦点头应道。

童第周得到了大哥的支持,十分高兴,马上回到书房开始学习。书房的墙上挂着当年父亲为他亲题的牌匾,上书"滴水穿石"四个大字,每次抬头看到这四个字,童第周报考效实中学的决心都会更加坚定。

整个暑假,童第周除了吃饭,大多数时间都待在书房里学习。全家人也都以实际行动支持他。为了让儿子有个安静的学习环境,童第周的母亲一改多年喜动不喜静的习惯,每天清晨起来就搬个凳子坐在书房门口,防止其他孩子闯入她新设立的"禁区",默默地为儿子创造一方宁静的学习天地。

考试前不久,还发生了一个小插曲。原来,童第锦

第一章
勤学志气高

出于对四弟的关怀，给宁波的一个朋友写信，托对方打听效实中学的招生情况，没想到却得到了一个令人沮丧的消息。朋友回信说："该校因故年内不招新生，只招少数优等生到三年级插班。"

童第锦来到童第周的房里，艰难地把不招新生的情况跟四弟说了，他知道这个消息对渴望入学的四弟来说无异于晴天霹雳。

"大哥，三年级的插班生也不招了吗？"童第周急切地问道。

"招是招的，但那又有什么用？而且——哎，蔚孙，你怎么知道这件事的？"童第锦突然反应过来，四弟从哪里打听到三年级招收插班生的消息呢？

"我放假的时候听同学说的。"童第周冲大哥狡黠一笑。

童第锦惊讶地问道："这么说，你本来就准备要考插班生？"

"是的！"童第周的回答很干脆。

童第锦悬着的心终于落了下来，他发现四弟已经是个有主见的小伙子了，头脑和志向远超自己。眼看几个弟弟逐渐长大成人，不再需要自己事事操心，他的心里

童第周的故事

无比欣慰。想到这里，童第锦心里畅快了许多，他笑着对童第周说："那好，你就试一试吧！"

随着暑假的结束，考试的日子也临近了。由于离家远且乘船误点，当童第周赶到效实中学时，考试已经结束了。这可怎么办？童第周一时手足无措。幸好这个学期他的二哥童第德被调到效实中学教书，在童第德的解释疏通下，学校同意让童第周补考。

几天后，童第德向陈夏常校长询问童第周的考试成绩，陈校长说："你弟弟的英语不行，语文差强人意，只有数学还不错，10 道考题答对 9 道。先让他来上学吧。"

就这样，童第周凭借拔尖的数学成绩，于 1920 年 9 月顺利进入效实中学，成为效实中学有史以来第一个没有上过正式初、高中而考取高中三年级插班生的学生。因为基础薄弱，偏科严重，他当年的考试成绩是倒数第一。

在学校里，班级的倒数第一和正数第一同样引人注目，处在"凤尾"的同学更会成为一时的"话题人物"。童第周刚上效实中学时正是如此。当时他已经年满 18 岁，年龄比同班同学大出一截。他穿着土布衣，谨小慎微地坐在教室的最后一排。尽管他假装不在意别人异样的眼光，但各种各样的议论还是陆续钻入他的耳中。

第一章
勤学志气高

"听说新来的插班生一天中学也没有念过!"

"听说他的英语是用一个暑假突击出来的!"

"哼,说来说去,他就是牛尾巴上的苍蝇——早晚被甩掉,我敢保证他不是留级就是退学,谁不相信我的话,就和我打赌!"

……

这些冷嘲热讽的话,深深刺痛了童第周的心,也激起了他不服输、要争气的斗志:"你们看不起我,我偏要学出点成绩来,让你们瞧瞧!"

差生立下"军令状"

为了争一口气,童第周成了效实中学图书馆的常客,一有时间他就泡在图书馆里,如饥似渴地苦读。

学校的图书馆宽敞明亮,窗明几净,而且藏书丰富,古今中外的名著数不胜数。但童第周明白,眼下自己的任务绝不是沉浸在知识的海洋里自由阅读,而是要看准

童第周的故事

目标,顽强拼搏,迎头赶上其他同学。

当然,要实现这个目标,光靠几本书是远远不够的,效实中学对物理、化学和英语的要求非常严格,而这几科偏偏是童第周薄弱的科目。以前几乎没有接触过数学、物理、化学和英语。因此,刚刚升入三年级的第一学期,童第周读得非常吃力。

当时全班一共12人,他到校时,代数已经快讲完了。最难克服的是,学校的教材都是英语教材,老师也用英语讲课。童第周的英语听说能力很弱,经常是要下课了,他还不知道这节课讲了什么内容。老师只好预留作业让他回去自学,但是第二天提问,他还是答不上来或者答非所问。

几何也是他的薄弱科目。尽管他在第一学期起早贪黑,挤出时间拼命学习,但到期末考试时,几门薄弱科目都在60分以下,排在全班最后。根据规定,如果平均成绩不及格,必须留级或退学。

"嘿,你们看,我没讲错吧,牛尾巴上的苍蝇到底给甩下来了!"曾经打赌的同学不禁得意起来。

童第周捏着自己的成绩单,盯着上面可怜的分数,忍不住伤心地抽泣起来。

第一章
勤学志气高

他忘不了接到效实中学的录取通知书时,全家人是多么骄傲,大哥拿着录取通知书对着先父的牌位叩拜,母亲还熬夜给他缝制了一身土布新衣服。他忘不了入学那天,大哥翻山越岭走了几十里路,把他送到学校门口,一脸期望地看着他走进校门。他忘不了二哥每个月省出大部分薪水,全家人节衣缩食,只是为了替他交昂贵的学费。他忘不了一家人围坐在桌边,吃番薯干、喝六谷糊的情形……

他的脑海中闪现着各种温情的片段,心里充满了自责:"考得这么差,怎么对得起含辛茹苦的亲人!这么少的分数,着实让读书人颜面扫地!难道我真的比别人笨?我不信,我发誓要超过别人!我不比任何人差!"

童第周鼓起勇气去找陈夏常校长,希望他给自己一个机会,但是陈校长说:"童第周,我看你基础比较差,还是留一级吧。如果你怕丢面子,我可以帮你转到其他学校。"

童第周恳求道:"校长,让我再试一个学期吧。如果下个学期还不及格,不用您说,我自己主动离校。"

陈校长被童第周的诚恳和决心感动了,答应让他再试读一个学期,并明确地告诉他:"半年后如果再跟不上,

童第周的故事

那就没有留级机会,只能退学了。"

童第周重重地点了点头。从校长办公室出来后,他暗暗发誓,下个学期不但要跟上进度,而且要超过其他同学。

从倒数第一到正数第一

新的学期开始了,童第周更加勤奋刻苦地学习。其他同学像往常那样,经常奚落和嘲讽他,时刻关注着他的一举一动,然后背地里当作笑料在校园里传播。

刚开学没几天,同宿舍的同学便发现,每天晚上熄灯后,童第周的床上总是空空如也,见不到他的人影,于是开始揣测起来。

一天晚上,敲过了熄灯钟,同学们照例躺在床上交换"新闻"。有个同学神神秘秘地小声说道:"我告诉你们一条'爆炸性新闻',童第周失踪啦!"此话一出,大家顿时困意全消,都来了精神。

第一章
勤学志气高

"别瞎说，刚才我还在图书馆看见他了呢！"一个同学笑着反驳道。

"那么现在呢？图书馆早就关门了，你在宿舍看见他了吗？""新闻发布者"反问道，不待其他人回答，他又接着说，"告诉你们吧，我已经观察童第周好几天了，每次熄灯钟一响，他就消失了。不知道在偷偷摸摸地干什么。"

一天晚上，代数老师蔡老师外出办事回到学校已经很晚了。走着走着，隐约看见前面的路灯下蹲着一个人。他以为是小偷，心头一惊，悄悄走近后才发现那个人原来是童第周。

童第周也被突如其来的动静吓了一跳，他抬头一看，发现来人是蔡老师，忙站起来行礼。不等蔡老师询问，他便恭恭敬敬地解释道："蔡先生，请您原谅。我的成绩太差了，可是又想继续在效实中学念书，只能抓紧时间把功课赶上去，我不想再考倒数第一了。"

蔡老师这才明白了童第周晚上"失踪"的原因。他不忍心再打扰童第周学习，简单叮嘱了几句便轻轻地走开了。他走了几步又转身回来，亲切地拍着童第周的肩膀说："好好学习的前提是必须有健康的身体，现在已

经 12 点了,快回去休息吧,休息好了才能更有效率地学习。"

童第周"顺从地"点点头,收起书本离开了。蔡老师看着他朝宿舍的方向走去,但他并没有回宿舍,而是走到另一盏路灯下继续学习。蔡老师见状,心里十分感动:这个学生如此认真刻苦,将来一定大有作为。他由衷地佩服童第周的坚韧,也不忍心再劝,只是站在远处望了一眼路灯下那瘦小的身影,便默默地离开了。

第二天上数学课时,蔡老师郑重地向全班宣布:"同学们,我今天要明确地告诉大家,童第周是一个勤奋好学的好学生!我们都应该向他学习。最近关于他的风言风语很多,在没有调查清楚事情的真相之前,我们不应该妄加猜测,更不能用流言去中伤别人——特别是对一个勤奋踏实的人,更不应该这样!"

这位平日稳健庄重的老师,一改平时慢条斯理的说话方式,站在讲台上激动地对学生们说:"让我来告诉你们我亲眼看见的真实情况吧。昨晚熄灯后一直到半夜,童第周都在校园的路灯下,专心致志地演算数学题。他这种勤奋刻苦的精神,值得我们效仿学习!"

说到这里,蔡老师环视了一圈教室里的学生,意味

童第周的故事

深长地说:"没错,童第周是插班生,是全班成绩最差的一位同学,但是一个人的成绩不能只靠一次考试来判定。分数只是一时的,最终衡量一个人知识和能力的,还是看他如何在人生路上奋发进取!"

台下鸦雀无声,蔡老师的话铿锵有力,饱含热情,深深地印在了学生们的心里。

随后,在蔡老师的建议下,童第周被破例允许在教室里延长夜自习。

功夫不负有心人,童第周的进步越来越明显,他逐渐能听懂老师在课堂上讲的内容,还能用英语准确地回答老师的提问,课后作业也能保质保量地完成。

转眼又到了期末考试,老师和同学们都不忍心看到童第周退学,无不默默祝福他能考出好成绩。考数学那天,蔡老师就像自己要经历一场大考一样坐立难安。他相信以童第周平时刻苦学习的表现,应该很容易及格,但他更希望童第周能考出优异的成绩,从而向所有人证明自己。

考试完毕,蔡老师收起考卷,几乎是一路小跑地赶回办公室。不等坐下来,他便急忙找出童第周的试卷仔细批阅,一道一道批下去,直至最后一题,结果全部正确。

第一章
勤学志气高

他激动地拍手叫好,连连赞叹:"太好了!太好了!"

待心情稍微平复下来,他擦了擦眼镜,又从头到尾仔细审核了一遍,然后郑重其事地拿起红笔在试卷上写下了一个大大的"100"。他兴奋地向同事们宣布了这个好消息,其他老师也赞叹不已。

这次期末考试的成绩公布后,童第周再次吸引了全校的目光,他的平均成绩在70分以上,而全班第一名的平均分也是70多分。

蔡老师非常高兴,他在课堂上向全班同学坦言:"最初我看到童第周同学插班考试的成绩时,曾向陈校长建议,童第周的基础太差,如果他的成绩一直徘徊在这个水平,只能考虑让他留级。现在我要收回当初的话,提出另一个方案,那就是像童第周这样的同学,即使期末考试成绩不理想,也不要轻率地让他留级。因为他在平时的学习中,付出了比一般学生多几倍的努力,一分耕耘一分收获,眼前的分数并不能限定他后来的进步!"

坐在台下的童第周听了蔡老师的肺腑之言,心里十分感动,也对老师充满感恩之情,在周围同学钦佩的目光中,他再一次忍不住掩面抽泣起来,这一次是激动和喜悦的泪水。

童第周的故事

　　到第四学年期末考试的时候,童第周两年来的努力终于有了回报,总成绩名列全班第一。对此,陈夏常校长无限感慨地对童第周的二哥童第德说:"我在学校工作多年,从来没有见过进步如此神速的学生!"而那些曾经讥笑童第周的同学,也对他充满了敬佩之情。

　　后来,童第周深情地回忆当年的情景,说:"在效实(中学)的两个'第一',对我一生有很大影响。那件事使我知道自己并不比别人笨,别人能做到的,我经过努力也一定能做到。世界上没有天才,天才是用劳动换来的。"

第二章

漫漫求索路

童第周陷入了进退两难的境地,内心十分痛苦。他把自己关在屋子里想了几天,做出了一个艰难的决定——暂时不上大学了。

进退两难的选择

童第周读中学时,学校实行的还是1912年公布的"壬子学制"——小学7年,中学4年。1922年7月,童第周从效实中学毕业。鉴于他成绩优异,学校决定保送他直升圣约翰大学。

童第周兴冲冲地赶回家里,想尽快与家人分享自己被保送进大学的喜讯。

然而,当他跨进家门时,家里的景象令他震惊得说不出话来——大哥童第锦身患重病,虚弱地躺在床上痛苦地呻吟。

看着大哥蜡黄的脸色和消瘦的身躯,童第周的眼泪

童第周的故事

夺眶而出。他知道,这些年来大哥心力交瘁,为了几个弟弟的前程,大哥独自撑起了所有重担,还要操办村里的小学,并且为方圆几十里的乡邻调解事端……现在,大哥累倒了。

此时,二哥童第德在城里教书,三哥童第谷在杭州读法律高等学校,小弟童第肃还在念私塾。大哥生病后,这个家仿佛天塌了,农田山林无人照管,刚刚兴办的冠山小学也几乎停摆,这让躺在病床上的大哥怎能安心静养?

童第周的心隐隐作痛,他不得不面对残酷的现实。为了让自己顺利读完中学,大哥、二哥已经做出了很大的牺牲,如果自己抛下家中事务,跑到上海继续上大学,家里怎么办?但是,保送到圣约翰大学是一个非常宝贵的机会,可以借此到更广阔的天地里增长见识,理应珍惜,可上学的费用从何而来?

童第周陷入了进退两难的境地,内心十分痛苦。他把自己关在屋子里想了几天,做出了一个艰难的决定——暂时不上大学了。他思来想去,想明白了一件事情——他已经是20岁的男子汉了,于情于理,都应该替大哥挑起家庭的重担。

第二章
漫漫求索路

童第周向大哥说明了自己的打算。童第锦很感激四弟的体谅，同时也深感对不起他，为了这个家，四弟耽误了自己的前程。但现在也实在没办法了，经与二弟童第德商量，童第锦决定暂时把家里的事务交给童第周。

就这样，童第周放弃了升学的机会。工作时间，他就代大哥到村里的学校教书，处理日常校务；放假了就干些杂活，农忙时还帮家里插秧割稻。尽管每天事务繁杂，但他却打理得井井有条。

童第锦对此十分欣慰，心情放松下来，病也一天天见好，一年后基本恢复了健康。病好后，他不忍心再让四弟替自己操持事务，主动鼓励童第周再去拼搏一把，为自己的理想而奋斗。

由于一年前主动放弃了直升圣约翰大学的机会，童第周失去保送资格，只能重新报考大学。但考大学谈何容易，他这一年基本没有复习功课，而且离考试的日期也很近了，看书复习的时间有限，这无疑加大了考取的难度。他先后报考了东南大学和北京大学，但都没有考上。

大哥童第锦和二哥童第德深感愧疚，建议他先到复旦大学做旁听生。童第周很感激两位兄长的理解和支持，于是听从他们的建议，到复旦大学旁听了一年。

"猫鼠实验"的启蒙

1924年7月，经过一年的旁听，童第周如愿考入复旦大学，开始了他追求科学、献身科学事业的漫漫求索路。

早在中学时代，童第周就在二哥童第德的影响下对哲学产生了浓厚的兴趣，热衷于研究各种哲学问题。进入复旦大学后，他选择了哲学系的心理学专业。

作为一所令人向往的著名学府，复旦大学聚集了一大批出类拔萃的人才，代理校长是我国著名心理学家郭任远。郭任远长期从事比较心理学的实验研究，认为一切行为皆由学习得来。

一天，系里的公告栏贴出了一张布告："本校校长郭任远先生定于今天下午3时，在哲学系大课堂做学术演讲，欢迎诸位届时参加。"

童第周站在布告前，正犹豫要不要去听，这时有两个同学从他身边走过，一边走一边议论这件事。

第二章
漫漫求索路

其中一个同学说:"郭校长是心理学界少有的权威,他的报告非常值得一听。"

另一个同学应和道:"据说郭校长做了一个'猫鼠同笼,大同世界'的实验,专门研究猫和老鼠的行为,今天下午他作报告,说不定就是讲这方面的知识呢!"

把猫、鼠这对天敌放在一个笼子里,还能实现"大同世界"?童第周头一回听说这样有意思的实验课题,他果断取消了去图书馆看书的计划,决定去听一听校长的演讲,解开这个谜团。

郭任远是一位在学术上敢想敢干、造诣颇深的心理学家,以往心理学界盛行一种"动物本能说"的唯心主义论调,认为猫捉老鼠、狼吃山羊、黄鼠狼咬鸡,是出于猫、狼、黄鼠狼的本能。郭任远不同意这种说法,并且做了一系列实验来推翻这种唯心主义的"动物本能说"。

在这次演讲中,他提到,为了证明猫捉老鼠不是天生的,他特意把猫的幼崽和老鼠的幼崽关在一起,让它们从小就在一个空间里相处。等它们都长大后,当猫想袭击老鼠时,就在猫鼠之间安个小电网,猫一伸爪就会触电,于是立刻把爪子缩回去。一段时间后拆除电网,猫再也不去袭击老鼠,猫鼠之间又恢复了以前的和

睡状态。这个实验足以证明，猫捉老鼠并不是与生俱来的本能，而是在后天的生存斗争环境中习得的结果，这些所谓的"本能"可以通过人为手段来消除。

听了郭任远的演讲，童第周被这个有趣的课题深深地吸引住了，并且从中学到了一个重要的道理：科学是严谨的，一切科学思想都要通过实验去验证，实验是科学研究最重要的手段。只有这样，才能继承和发展前人的学说，从而创造和拓展新的学说。

很多年后，童第周还多次兴致勃勃地谈起这个当时闻名世界的实验。他说："这个实验和观点给我的启示是，对于前人的观点和学说，我们绝不能盲从，要从科学实验中获得真知，这对我以后的研究工作产生了很大影响。"

这个"实验获真知"思想可以说影响了童第周一生，他的研究始终没有离开过实验室。也正是从那个时候开始，童第周对科学研究产生了浓厚的兴趣。

两位恩师的引领

在学习心理学专业之余,童第周开始选修生理学的课程,由此认识了他一生敬重的两位生理学家——蔡翘和蔡堡。

蔡翘教授是我国生理科学的奠基人之一,早年就读于北京大学,曾赴美国留学。留学期间,他率先发现一处大脑构造区域,为了纪念他的贡献,国际神经解剖学界以他的姓氏将该区域命名为"蔡氏区"。1925年归国后,其相继在复旦大学、中央大学任教,主要讲授生物学和生理学,并编写了我国第一本大学生物教材——《生理学》。他还在1938年倡议成立了中国生理学会成都分会。

童第周有幸在蔡翘教授门下学习,得到他的指导。师生二人的感情相当深厚,后来在北京共事时仍互有联络。蔡翘教授去世后,人们从他的遗物中发现了一张珍

第二章
漫漫求索路

贵的照片,是他和 5 名复旦大学学生的合照,童第周便是其中之一。照片背后写有童第周等人送给恩师的一首诗:

五十年前师生情,今日回忆倍觉亲。
沪地同窗共聚首,古稀年要鼓干劲。
——蔡老师、蔡师母留念
您的学生们:冯德培、徐丰彦、沈霁春、童第周、朱鹤年敬赠

蔡堡教授也是我国著名的生物学家,1923 年毕业于北京大学地质系,同年到美国耶鲁大学和哥伦比亚大学研究院专攻动物学。1926 年回国后,先后在复旦大学、中央大学、浙江大学任教。他在生物发生、发展史和胚胎学方面颇有建树,其著作《东方蝾螈胚胎发育图谱》填补了我国有尾两栖类正常胚胎发育研究的空白。

蔡堡教授治学严谨、学识渊博,是引导童第周向生理学深入钻研的一位好老师。每次上课,童第周不仅认真听讲,还向蔡堡教授请教许多不明白的问题。

蔡堡教授很欣赏这个勤学好问的学生,经常指导

童第周的故事

他，并有意识地培养他独立思考和解决问题的能力。在蔡堡教授的影响下，童第周渐渐对生理学产生了浓厚的兴趣。

一天中午，蔡堡教授正准备午睡，童第周突然来敲门，并非常抱歉地说："老师，打扰您休息了！这几天有个问题一直困扰着我，无论如何也想不通，只好来向您请教。"

蔡堡教授诲人不倦是出了名的，他赶忙把童第周迎进室内，连声说道："没关系，没关系！我一般很少午睡，你有什么问题？"

童第周问道："我们研究生物的生理功能，可是在大自然中，各类生物是怎样繁衍的呢？比如说，人类是怎样来的？蝙蝠又是怎样来的？"

蔡堡教授听了童第周的问题，心中暗喜，故意答道："这个问题很简单嘛，人是由小孩长大的，蝙蝠是由小蝙蝠长大的。"

蔡堡教授之所以暗喜，是因为童第周的问题已经触及了生理学的入门知识，通过思考，童第周已经窥探到了进入生理学殿堂的门径。

"那么，小孩是由什么来的？小蝙蝠又是怎样形成的呢?"童第周追问道。

为了准确地解答童第周的疑惑,蔡堡教授向他简要叙述了生理学发展的历史。他告诉童第周,小孩和蝙蝠都是由胚胎发育而来的。在生理学之外,还有一门学问叫作胚胎学。

胚胎学——这是童第周第一次听到这个名词,这个神奇的学科让他觉得自己需要学习的知识实在太多了!蔡堡教授还对他说,只研究生理学,无法精确了解生命的起源,如果要探索生物遗传的奥秘,就要学习和钻研胚胎学。

此时童第周对生物学的理论体系有了一个重要认识:人类对生命体的结构和多样性的认识产生了进化论,对生命连续性的认识产生了遗传学,而对个体生命的起源和变化的认识产生了胚胎学。

蔡堡教授的循循善诱,使童第周对生理学和胚胎学有了初步的认识,也为他后来选择毕生追求的事业奠定了关键的基础。

由公务员"转行"的科学家

童第周在复旦大学读书时,正处于国共第一次合作期间,全国各界的爱国民主人士积极投身民主革命事业。打倒军阀、夺取北伐战争的胜利,是当时国人的共同信念。

1925年,上海发生"五卅"惨案,童第周和同学们一起走上街头示威抗议,险些被捕。后来,他还深入农村,和朋友一起创办进步刊物,宣传爱国思想。

当时许多有声望的老师在复旦大学任教,深深影响了童第周的政治思想和学术追求。出于救国救民的宏愿和热情,童第周经人介绍加入了国民党。

然而好景不长,在童第周大学毕业前夕,国民党反动派公开背叛革命,先后制造了震惊中外的"四一二"和"七一五"反革命政变,无数共产党人惨遭屠戮,尸横遍野。童第周目睹血淋淋的事实,逐步看清了国民党反动派的残暴本质,不久后就脱离了国民党。

第二章
漫漫求索路

1927年5月,童第周从复旦大学毕业。因时局动荡,他一时找不到合适的工作,只得先回到家中。他的三哥童第谷在宁波的一家银行供职,见四弟在家待业,便托朋友找到时任浙江省政府秘书长的陈布雷,请他帮忙介绍工作。

陈布雷生性淡泊,为官清廉,一向不愿接受请托。童第谷的朋友亲自到杭州登门拜见,向陈布雷说明缘由,并介绍了童第周的情况。陈布雷居然破例答应,当即写了一封推荐信,介绍童第周到南京北伐军司令部工作。

原来,陈布雷的堂兄陈训正是效实中学的创建人之一,陈布雷曾在效实中学教书,听说过童第周的事迹,对他印象颇佳。

1927年7月,童第周被分配到北伐军政治部宣传处工作,授予中尉军衔,工资为每月60块银圆。

刚接到聘请公函时,童第周心里五味杂陈,没想到自己寒窗苦读多年,好不容易毕业,却因时局动荡而无法从事热爱的科学事业,涉足军政界诚然有违他的初衷,但想到自己已经成年,不能再增加兄长们的负担,他只能暂时妥协。

假如童第周安分守己地干下去,很有可能在军界或政界谋得一官半职,娶妻生子,过上衣食无忧的生活。然而，他的心思并不在升官发财上，通过多年的学习，他早已认定，眼下中国虽然落后贫弱，但国人爱国心切，在先进的思想和科学的指导下，国家总有一天会变得强大起来。

当时，蒋介石在南京建立了国民政府，正与武汉汪精卫的国民政府对峙。加上军阀孙传芳加紧攻打南京，国内的乱局让童第周颇为心寒。

就在童第周观望摇摆之际，9月发生的一件事让他终于下定决心辞职。

那天，童第周所在的宣传处要起草一份宣传材料，捏造谣言来毁谤其他政党。上级把这个任务交给了童第周，但他拒绝写这种不实的文章，结果惹恼了上级。在受到上级的言语胁迫后，他毅然递交辞职信，回了老家。

二哥童第德刚听说四弟辞职时，觉得非常可惜，但获悉事情的原委后，想到童第周已经成年，有自己的判断力，可以为自己的决定承担后果，便不再过多干涉。只是童第周外出求学多年，有文化有阅历，一直赋闲在家也不是办法，于是，童第德又托人介绍他到杭州附近的桐庐县政府工作。童第周体谅二哥的一片苦心，不愿久耗家中拖累兄长们，所以接受了童第德的安排。

桐庐县县长是个既迂腐又势利的老官僚。县政府一

第二章
漫漫求索路

共有三个科室,分别是总务科、财务科、建设科。童第周担任建设科科长,其余两个科的科长的资历都比童第周要老。县长见童第周一副涉世未深的模样,觉得他好欺负,就对他说:"非常抱歉,我们这个县人少地少,经济落后,经费很少,不可能开太高的工资,每个月只能支付你30元薪资。"

实际上,其他两个科长的月工资都在80～90元,童第周的薪资只相当于一个科员的水平,差额全让县长给克扣了。由于初来乍到,人生地不熟,童第周对此全然不知,等到发工资时才知道自己被县长骗了。面对这样的轻侮和不公平待遇,他十分气愤,但又无可奈何,只能忍气吞声。

这一年,北伐战争取得了胜利,军阀混战的时代终于结束了,国民党政府在各地举行庆祝活动。童第周却无心参加,他早已看透了国民党政府的腐败无能,各级官员封建官僚作风严重,用人论资排辈,一些有抱负有才华的年轻人毫无出头之日。针对这种情况,他专门写了一篇文章,号召年轻人要敢于和恶势力做斗争,要勇于改革,抛弃腐朽落后的观念。这篇文章被刊登在省里的报纸上,引起了较大反响。

童第周的故事

县长看到这篇文章后，对童第周的轻慢有所收敛，并有意拉拢他。每次发生重大事情，县长必然来找他商量，请他帮忙出主意，还给他加工资。但童第周的内心始终无法接受这份工作，他经常问自己：是否真的适合走仕途？深思熟虑后，他确信此路不通。

这年秋天，童第周又准备辞职了。不过，他不再像上次那样冲动了，因为这份工作也是二哥四处托人，好不容易才找到的，如果贸然辞职回家，岂不是让他们寒心吗？

童第周想到了已调至南京国立第四中山大学（1928年5月改名为国立中央大学，下称中央大学）生物系担任系主任的蔡堡教授，于是写信向他说明自己的困境，重申希望继续从事生物科学研究的愿望。不久，蔡堡教授回信说他刚到该校工作，暂时没有合适的助手，童第周正好可以胜任。

中央大学的前身可追溯到清末的三江师范学堂，是民国时期的最高学府，设有理、工、医、农、文、法、师范7个学院，是当时系科设置最齐全、规模最大的大学。

童第周收到回信后十分高兴，他终于可以告别官场的是非之地，走上学术研究之路了，而且这份工作也免除了兄长们的后顾之忧。一切安排妥当后，他正式递交了辞呈。

第二章
漫漫求索路

1928年1月,童第周正式到中央大学担任助教,从此开始了漫长的教育和科研生涯。这是他人生中的一次重大转折,中国从此多了一位优秀的生物学家。

志趣相投的人生伴侣

1926年暑假,童第周从上海复旦大学返回老家,在中学老师家里遇到了叶毓芬。

这一年童第周24岁,叶毓芬20岁。

童第周与叶毓芬第一次见面谈得十分投机。叶毓芬钦佩童第周的学识和为人,童第周欣赏叶毓芬与封建家庭的抗争,认为她身上有一股可贵的韧性。

叶毓芬于1906年3月出生在宁波镇海鹭林村的一个富商家庭。她的祖父靠经商发家致富,到她父亲这一辈,家中已有200多亩田产,还在上海开有店铺,家境富裕。

叶毓芬4岁时,父亲突然去世,因她的母亲是继室,在家中没有地位,更不能抛头露面,所以由族叔代管对外事务。结果,由于族叔的侵吞,家里的店铺不到一年时间便倒闭了。她的大哥是个不务正业的纨绔子弟,叶毓芬的母亲唯恐家产被败光后母女俩孤苦无依,于是提出分家。但是她的大哥贪得无厌,分家后仍经常向她们索要钱财,直到家中财产、田地基本耗尽才不再来纠缠。

叶毓芬从小聪明伶俐,学习也很努力,考试经常是第一名,深受老师喜爱。为了让女儿将来有立身的本领,母亲坚持让叶毓芬到学校补习班继续读书。叶毓芬14岁时,母亲不顾族人非议,把她送到鄞县城内的育德小学读书。

育德小学的老师大都是苏州师范和杭州师范的毕业生,见多识广,使叶毓芬的思想和学业水平有了很大提高。1922年冬,叶毓芬以第二名的优异成绩从育德小学毕业。母亲欣喜之余,更加下定决心把女儿培养成才。

受学校老师的影响,叶毓芬想报考苏州女中或杭州女中,但母亲不愿她一个人去远方求学,最终,叶毓芬报考了宁波县立女子师范学校预科,并顺利考取该校。

不料叶毓芬入学不久,她的母亲便去世了,这使她的精神备受打击。今后的人生道路应该怎么走,是否继续求学,生活怎样维持……一个个难题摆在了叶毓芬面前,

第二章
漫漫求索路

让她不知所措。好在她的母亲有先见之明，生前将数百元私房钱交给了她的姨妈代管，可以作为她的读书费用。

母亲存在姨妈那里的钱花完后，叶毓芬回家想变卖母亲的遗物，遭到兄嫂反对，说那些遗物是留着给她办嫁妆的。叶毓芬据理力争，最终卖了100多元，并在姨妈的资助下继续念书。

在交谈中，童第周得知叶毓芬不但独立自强、聪明勤奋、刻苦学习，对于社会也具有敏锐的洞察力，充满热情地投身于进步青年的社会活动之中。叶毓芬曾积极参与抵制日货的行动，向进步刊物投稿抨击过社会的丑恶现象，童第周对叶毓芬的这些行为深感认同，因为这些行为正表现出了一个有良知青年的浩然正气。

后来，他们经常在宁波见面。童第周到南京中央大学工作后，两人经常写信互致问候。童第周经常在信中鼓励和安慰叶毓芬，并寄给她许多宣传新思想的书刊。

叶毓芬毕业后，在镇海小港李家私立小学教了一年书。此时叶毓芬早已经到了适婚年龄，她的姨妈一直惦记她的婚事，得知叶毓芬与童第周的关系，便建议他们先订婚。

这时，童第周已经二十六七岁，两家决定按当地的风俗，先订婚。但叶毓芬的兄嫂不同意这桩婚事，认为童家不富裕，没有什么家产，故意提出高额聘礼刁难童家。在叶毓芬的姨父的协调下，最后达成了一个折中方案，由童家拿出数百元资助叶毓芬继续求学。

1927年夏，叶毓芬决定去南京报考江苏大学。到了南京，恰逢国民党办的中央党务学校借中央大学的校址招生，叶毓芬决定报考中央党务学校。童第周对国民党政府已有所了解，强烈建议叶毓芬报考复旦大学，学习自然科学，走科学救国的道路。

可是，入世尚浅的叶毓芬，最后还是抱着单纯的政治热情应试了中央党务学校，并被录取。由于学校要求学生必须是国民党党员，满怀救国希望的叶毓芬便加入了国民党。然而，她进校仅一个多月，军阀孙传芳便打回南京，学校停办了，叶毓芬又回到宁波。经友人介绍，她被任命为国民党鄞县县党部妇女部部长。

叶毓芬认为中国妇女一直深受压迫，社会地位低下，请求县党部拨出经费，让她到农村为妇女们做些有益的事情。在波谲云诡的官场中，刚刚迈出校园的叶毓芬显得天真无邪，尽管她的本意是好的，但县党部根本不理会她的想法，给经费更是天方夜谭。最后，她只能在办

第二章
漫漫求索路

公室里做些无意义的工作。

叶毓芬深感失望,一个多月后,她决定辞职,后来和国民党脱离了关系。

辞职后,叶毓芬在万般苦恼中提笔给童第周写了一封信,表明自己的懊恼和悔意。童第周接到信后,马上去找恩师蔡堡教授。在蔡堡教授等师友的热心帮助下,叶毓芬得到了一个补考的机会,顺利考进了复旦大学生物系。童第周负责她读书的费用。从此,他们走上了同一条科学道路,后来成为相敬如宾的终身伴侣。

1929年8月,叶毓芬从复旦大学转学到中央大学。

1930年1月,童第周和叶毓芬在宁波举办了婚礼。婚礼简单朴素,他们穿着平时的衣服,在简陋的房间里接待前来祝贺的客人,就这样组建起了一个小家庭。

婚后,他们的生活全靠童第周每月的工资来维持,日子虽然清苦,但幸福满满。在银行工作的三哥童第谷不时接济他们,使他们多少免除了一些经济上的困扰。

这以后,童第周勤奋工作,叶毓芬刻苦求学,两人相知相携,在自然科学领域成为同路人。生物学就像一条感情的纽带,把这对年轻的伴侣紧紧地联系在了一起,一生形影相随。

第三章

异国显锋芒

童第周的一些亲戚朋友劝他攒够了钱再去，但他心意已决，坚定地说："留学一事，宜早不宜迟。别人能去的地方我也能去，而且我一定会学得比他们好！"

赌气出国留学

童第周在中央大学担任助教后,给自己规划了未来的方向:一边教学一边搞研究,一定要在生物学方面做出点成绩来。然而,他很快就遇到一件令他愤慨的事情。

当时学校的科研大楼竣工,蔡堡教授通知他搬到科研大楼去住。他满心欢喜地走进新竣工的科研大楼,突然有人在后面大声叫道:"喂,站住!"

童第周回头一看,原来是一位留洋归国、大腹便便的胖教授。他停在门口,一脸疑惑地看着胖教授,不知道对方为什么叫住自己。

"你来科研楼干什么?"胖教授跑得气喘吁吁,满

童第周的故事

脸是汗，还没有站稳就冲童第周大喊，"谁让你搬进来的？你凭什么搬进来？"

童第周从容地答道："系主任蔡堡教授通知我，说科研人员可以搬到这里来住。"

"唉，你们这些青年教师啊，没有什么学问，腿脚倒是挺快。我们留洋的教授还没住上新房子呢，倒便宜你们了！"胖教授一脸轻蔑，不屑地看着童第周说。

童第周像是被人迎面泼了一盆冷水，刚才的高兴劲儿荡然无存。他没有跟胖教授争辩，气愤地掉头离去。

胖教授本想再奚落一下这个年轻人，结果尴尬的反倒是自己。他望着童第周的背影，自我解嘲道："咳，真是年少气盛！年少气盛！迟早要吃亏的。"

童第周从科研楼里走出来后，越想越气愤："都说学问让人深沉，他怎能这样轻浮、随意地贬损侮辱人呢？喝了几天'洋墨水'就能在光天化日之下教训人吗？肚子里有没有学问暂且不论，那副洋洋自得的派头就让人不悦。为了争今天这口气，但凡有机会，我必定出国学习，好好地长本事，将来让他们看看！"

童第周之所以选择出国留学，一个重要原因就是受到了这件事的刺激。后来他谈及这件事时，还自嘲地说：

第三章
异国显锋芒

"那时候,真像是赌着气出国呢!"

如今看来,童第周当时并不全是逗个人意气,而主要是源自一个科学青年的志气和中国人的骨气。一个立志要对科学不断求索的人,一定要有这种昂扬的志气和不屈的骨气,才不会轻易地在科学的道路上退缩,才不会稍有成绩就沾沾自喜。

童第周在中央大学生物系工作了两年半,身边有许多留洋归来的博士,他们虽然出国"镀金"却碌碌无为,整天不思进取、贪图享乐,童第周对此现象颇有微词。同时,他也深刻体会到,中国局势动荡,科学技术远远落后于西方发达国家,生物学研究更是如此,只有奋发努力,加快步伐赶上去,中国才能渐图自强。因此,他一边加强学习,一边为到比利时出国留学做准备,决心要做一个有气节、有作为的科学家。

不过,他现在是有家室的人了,做任何决定都需要考虑另一半的感受,更重要的是,叶毓芬已经怀孕了。

童第周对妻子说:"凡是喝过'洋墨水'的人,一回国就成了学者、教授,但这些人中有真才实学的却屈指可数。我想出国学习一两年,真正学到一些知识,为国家做些有益的工作。"

童第周的故事

叶毓芬很通情达理，并不反对童第周出国，但是出国留学最大的困难是没有钱，一个靠教书养家糊口的助教要远涉重洋，谈何容易？而童第周一旦下定决心，就会想方设法达到目的。他安慰叶毓芬说："不要紧，我可以向三哥求助，他答应过要资助我出国。"他停了一会儿，又接着说道："毓芬，你是个坚强的女子。留学一事，我心意已决，大丈夫志在四方，虽然我无法亲眼见证我们孩子的降生，但等到他满周岁的时候，我一定从比利时寄一身漂亮的衣服回来……"

这次谈话后，叶毓芬打消了顾虑，坚定地做起了他的后盾。

不久，童第周找到在银行工作的三哥童第谷商量留学之事。童第谷也希望四弟有个好前途，于是向朋友借了1500块银圆，支持童第周出国留学。不过，这笔钱还没到童第周手上，借钱的人又要回去500块银圆。这样一来，童第周出国就只有1000块银圆了，他买了一张国际列车票，做了两身衣服，便花掉了一半。

听说童第周拿着500块银圆出国留学，学校里那些不学无术的博士都冷嘲热讽。当初奚落过童第周的胖教授肩膀一耸、两手一摊，讥笑道："我看他还是不要出

第三章
异国显锋芒

洋了,不如叫'出洋相'吧!500块银圆——这不过是我当年在国外一个月的费用!"

童第周的一些亲戚朋友劝他攒够了钱再去,但他心意已决,坚定地说:"留学一事,宜早不宜迟。别人能去的地方我也能去,而且我一定会学得比他们好!"为了节省旅费,他打算从上海乘轮船到大连,然后从大连或沈阳坐火车经西伯利亚到莫斯科,再由莫斯科乘火车去布鲁塞尔。

1930年8月的一天,上海外滩十六铺码头上人头涌动,童第周站在检票口外,望着远处,自言自语地说:"毓芬怎么还没来?"

过了没多久,他远远地看见叶毓芬手里提着一个大包,穿过拥挤的人群,向客轮检票口跑来。她一边喘着粗气,一边把手里的大包塞给童第周,说:"这里面都是面包,船上的饭菜太贵,你的钱又不够,这一路上就用它对付吧。"

童第周感激地看着妻子。这时,叶毓芬又递给他一本《法语读本》,说:"比利时的官方语言包括法语,这是我刚刚跑了几家书店,好不容易才买到的。你要尽快掌握它。"

童第周爽快地应道:"好的,我一上船马上开始学习!"

叶毓芬又宽慰他说:"蔚孙,你放心地去吧,在国外孤身一人,要照顾好自己。遇到困难就写信回来,我在国内替你想办法。但是,学习的事就要靠你自己了。"

童第周将妻子的嘱咐牢牢地记在心里。

两人还没多说几句,船就要开了,童第周只好登船。叶毓芬在他身边深情地叮嘱着:"蔚孙,到了比利时,一定要写信回来报平安……"

在拥挤的人流和纷乱的喧闹声中,叶毓芬已经无法听清童第周的回答。不多时,轮船拖着滚滚的黑烟,鸣笛起航了。待到烟雾徐徐消散,轮船已渐渐消失在黄浦江的远处。

两天后,童第周到达大连,接着又转乘火车。列车飞驰,车轮飞速地转动着,在铁轨上发出有节奏的声响,仿佛在给车厢里的这个年轻人鼓劲:刻苦,拼搏!刻苦,拼搏……

第三章
异国显锋芒

遇贵人，拜名师

童第周乘坐列车穿过西伯利亚，到达莫斯科后，又换乘到布鲁塞尔的列车。经过10多天的长途跋涉，童第周终于抵达比利时的首都布鲁塞尔。

在列车上，童第周遇到了一个到比利时做矿产贸易的中国商人，这个商人的儿子也在比利时留学，于是两人结伴而行。下车后，商人的朋友到车站来接站，把他们带到一家高级宾馆，面对昂贵的房价，童第周连忙向商人告辞。商人了解到童第周的困境，好心施以援手，于是两人同室住了一晚。

第二天一早，童第周告别商人，提着行李在布鲁塞尔的大街小巷徘徊，想找一间便宜的屋子。可是一整天过去了，他一直没有找到合适的，不是房价太贵，就是房东不愿意租给中国人。无奈之下，他只好先找了一家旅馆住下来。

童第周的故事

一连几天,童第周游走在街头,到处敲门询问出租房屋的价格。一天,他来到一座小楼前,轻轻敲了几下门,一位温和的女主人开门接待了他。

女主人看上去约40岁,她礼貌地问道:"你是中国人吗?有什么事情需要帮忙?"

童第周回答:"您好,女士。我是中国人,我想租一间价格便宜些的屋子。"

"好吧,那就请你住到我家里来。"女主人热情地说,接着把童第周领到四楼一间简陋的屋子里。这是一间阁楼,地方窄小,只能勉强放下一张床和一张小书桌,但房租很便宜。童第周能够接受,感激地向女主人致谢。

童第周搬进去后,与女主人相处融洽。这位中年妇女很有正义感,又是第二国际成员,她的丈夫几年前去世了,有个表妹和她住在一起。女主人很同情童第周的境况,主动给他介绍比利时的情况,帮他找补习法语的地方,还抽空帮他补习。因为童第周之前在旅途中也突击学习过,所以,一个月后,他就能用法语进行简单的交流了。

一天,女主人和童第周闲聊,得知这位来自中国的租客专攻生物学,便问他:"童先生,你知道比京大学(今

布鲁塞尔自由大学）的布拉舍教授吗？"

"不，除了您，我在这里不认识其他人。"童第周坦率地回答。

"布拉舍原来是比京大学的校长，是著名的胚胎学家，在生物学界名气很大。他也是我们第二国际的成员，很喜欢中国人，你愿意去拜访他吗？"

"愿意，当然愿意！"童第周喜出望外，这可是一件求之不得的大好事。

"那好，我写封推荐信，你拿着去找他。"女主人热情地说。

第二天，童第周带着女主人的推荐信来到比京大学，找到了布拉舍教授的办公室。对于童第周的来访，布拉舍显得有些惊讶。童第周开门见山，礼貌地说："布拉舍先生，我是一个中国人，我的名字叫童第周。"

布拉舍教授看上去平易近人，人也亲切和善。作为一个进步的社会党人，他的思想比较开明，性格也很开朗。他的好友、著名生物学家巴德荣教授门下曾有个名叫朱洗的中国留学生。朱洗勤奋好学，又善于观察思考，深得巴德荣教授的欣赏。布拉舍经常听巴德荣教授说起朱洗，对中国留学生印象不错。

第三章
异国显锋芒

布拉舍热情地招呼童第周坐下,问道:"童先生从遥远的中国来到这里,有什么事情需要我帮忙吗?"

童第周也不拐弯抹角,直接说明来意:"布拉舍先生,我想拜您为师,向您学习生物学。"

布拉舍向童第周伸出手来,高兴地说:"欢迎,热烈欢迎!中国人聪明能干,非常欢迎你来到我们的实验室。"

"真是太好了,那我什么时候开始学习呢?"童第周生怕学习机会一不小心溜走,急忙问道。

"任何时候都可以,这就看你的时间了,只要你有时间。"布拉舍爽快地说。

就这样,童第周顺利地成为布拉舍的学生。

第二天,布拉舍把童第周领到自己的实验室,并介绍他和自己的助教达克认识。

布拉舍的工作着重于胚胎发育早期,从整体、全局和大处着眼,研究个体发育在卵子中的布局,而不是局限于某一器官或某一过程。在布拉舍的影响下,童第周的科学思想和研究对象从一开始就处在科学的高起点上,而不是拘泥于某个具体的环节。

当时布拉舍身边的留学生都是来自各国的顶尖人

才，而童第周来自正值腐朽落后、民不聊生的中国，经常受到别人的歧视。外国留学生完全不把这个黄皮肤、黑眼睛的中国同学放在眼里，时常嘲讽他："你也配在这种高等级的实验室深造，真是不可思议！"

童第周的民族自尊心受到了极大的伤害，他郑重其事地反驳道："中国人绝对不笨，我一定要证明给你们看！"

此后，童第周怀着科学救国的热忱，孜孜不倦地钻研学问，虚心向导师请教各种疑难问题。当别人休息娱乐时，他还在努力做实验，在实验室里一待就是十几个小时。他这种追求上进、不服输的拼搏精神，得到了布拉舍和达克的赞赏。

不久，布拉舍发现童第周在生活上异常节俭，就疑惑地问他："童，你来比利时留学有没有国家助学金？"

"留学是我自己的决定，没有经过官方批准，因此没有助学金。"童第周如实相告。

"为什么不早说呢？我给你写封信，你拿着这封信可以领到国家助学金。"按照当时的惯例，像布拉舍这样有声望的教授，只要他给留学生本国政府写信，学生通常能够得到国家给予的助学金。

很快，布拉舍把信寄给了中国文化基金会，但是当

第三章
异国显锋芒

时中国正深陷中原大战,时局混乱,根本没有人理会这件事。因此,在比利时的第一年,童第周的各项生活支出,主要靠在国内发表文章挣来的稿费以及叶毓芬变卖首饰来维持。尽管生活窘迫,但他学习的热情丝毫未减,反而更加努力,很快成为实验室里最优秀的学生。

1931年春,布拉舍身患重病,达克升为教授,接管了实验室的工作。一年后,布拉舍不幸去世,童第周十分悲痛,从此他失去了一位宅心仁厚、学术精湛的良师益友。

中国人绝不比别人笨

当时研究胚胎学经常要做卵细胞膜的剥离手术,童第周在这方面的特长,使他在实验中脱颖而出。

1931年春天,达克教授开始做青蛙卵子的实验,这个实验需要把卵子外面的一层薄膜剥掉。

这是一项难度很大的实验,青蛙卵子的直径只有1

童第周的故事

毫米左右,外面紧紧包着三层软膜,因为卵小膜薄,手术要在显微镜下进行。而青蛙卵子又圆又滑,力气稍大就会被夹碎,力气小了又会从镊子里滑走。

这些年来,达克教授和实验室的工作人员做了几十次实验,都没有成功,因为他们经常遇到的难题是,一剥开卵膜就把青蛙卵子也撕破了。屡屡失败使他们几乎丧失了继续做下去的信心。

这天,达克教授做完实验后走到水龙头前,一边冲洗盘子,一边对童第周说:"童先生,我看你的手很灵巧,你是否愿意试试这个令人头痛的剥离实验?"

童第周爽快地答应下来。他走到一架解剖显微镜旁坐下,拿起一把尖利的钢镊,把一枚青蛙卵夹到玻璃盘中,然后用一根锡针在卵膜上刺下一个肉眼看不清的小洞,胀鼓鼓的卵膜立即瘪下来,变成了扁圆形。这时,两把同样尖利的钢镊同时夹住了卵膜的中央,均匀地向两边一撕,卵膜被干干净净地剥离下来了。整个过程用了不到5分钟的时间。

看着童第周娴熟的动作,达克教授激动得手舞足蹈,叫道:"童先生,你太了不起了!你战胜了我们所有人,我们的实验可以进行下去了!"

第三章
异国显锋芒

实验室的其他人也好奇地凑了过来,当他们看到显微镜下那个被剥离了卵膜的青蛙卵时,都激动不已。他们围着童第周,问道:"童先生,你到底用了什么魔法,一下子把这个小东西的'衣服'脱得干干净净?"

童第周转过身来,夹起一个青蛙卵,耐心地讲解道:"道理其实很简单,卵内有压力,剥离就很难;但只要先在卵膜上刺一个洞,等卵内的压力降低,剥离起来就不太难了。"

第二次剥离实验进行得也很顺利,实验室里响起了一阵欢呼声和惊叹声。达克教授激动地拉起童第周的手,说:"童先生,你们中国人真行!你应该受到大家的尊重。"

下班后,达克教授把童第周叫过去,神秘地对他说:"童先生,你的卓越才能帮助我们闯过了一道横亘面前多年却未能克服的难关。这项手术,对其他人恐怕还是一个不可跨越的障碍,我们要进行技术保密。"童第周会意地点了点头。

直到晚年,童第周对这件事仍记忆犹新。有一次,别人问他在旧中国有哪些事使他感到特别愤怒和痛苦,又有哪些事使他特别高兴。他激动地回答:"在旧社会,使我愤怒和痛苦的事太多了,一时说不完。但是有两件事,我一想起来就很高兴。一件是我在中学时,第一次取得 100 分。那件事使我知道,我并不比别人笨,别人能办到的事,我经过努力也能办到。世界上没有天才,天才是用劳动换来的。另一件事就是我在比利时第一次完成剥除青蛙卵膜的手术。那件事使我相信,中国人也不比外国人笨,外国人认为很难办到的事,我们照样能办到。"

这以后,实验室里遇到比较棘手或复杂的工作,如染色、论文中的实验插图等,都由童第周来负责,而他每次都能出色地完成任务。

这一年,童第周凭借优异的学习成绩和出色的工作能力,经达克教授推荐,获得了比利时公费奖学金。

1933 年夏天的时候,童第周和达克教授一同来到著名的科研中心——法国海滨实验室。这次他们研究的是海鞘。海鞘中有一类叫玻璃海鞘,其卵子比青蛙卵子要小得多,直径不到 0.1 毫米。要想顺利展开实验,必须先去掉膜,而卵子本身与其围膜之间的空隙仅为 0.01 毫米。这两个微小的数字令许多生物学家望而却步,但没有难倒童第周。他成功地完成了这项剥离实验,向外

第三章
异国显锋芒

国人展示了他的细致、灵巧和谨慎,引起了一时轰动。

1934年,童第周再次跟随达克教授来到法国海滨实验室,继续海鞘的实验工作。为了更好地观察浅色海鞘卵子受精后各个区域的物质流动情况,童第周发明了活体染色法,受到了生物学界的一致称赞,被选入当年举办的成果展览会。

这一年,英国著名科学家李约瑟博士也来到海滨实验室参观。他在展览会上看到童第周的成果后甚为震惊,忙向工作人员打听:"这位童第周先生是哪个国家的教授?"

"不,他不是教授,只是比利时比京大学达克先生的助手。"

"那我可以见见他吗?"李约瑟真诚地问道。

"恐怕不行,他已经和达克先生回布鲁塞尔了。"

李约瑟十分遗憾,感叹自己与这个有才华的中国学者擦肩而过。

实际上,当李约瑟到达海滨实验室时,童第周已经因为过度劳累而病倒了。在比利时的4年里,童第周发表了多篇论文,每篇论文都是他自己提出研究题目并独立完成实验,其成果在欧洲学术界产生了很大影响。即便声名逐渐远播,童第周依然脚踏实地,孜孜不倦地钻研探索。

每次拿出自己的研究成果时,他总要向达克教授请教:"达克先生,您看我可不可以这样来理解呢?"而达克教授也一如往常地指导他,鼓励、启发他探索新的课题。

达克教授曾经评价说,在他的实验室中,只有他的助教和童第周两人有独立思考、独立提出问题、独立完成工作的能力。这无疑是对童第周科研能力的极高评价。

爱国无罪

1931年9月18日,日本帝国主义制造了震惊全球的"九一八"事变。此后,日军占领了东北全境。祖国遭受铁蹄蹂躏,中国人在国外也饱受欺辱。这使童第周意识到光靠科学并不能拯救中国,因此,他在积极开展科学研究之余,还踊跃投身救亡图存的斗争中。

第三章
异国显锋芒

有一次，童第周到一家理发馆去理发。有几个比利时人看见进来的是中国人，就指桑骂槐地说了一大堆"中国人愚蠢颟顸，是劣等人种""中国贫穷落后，没法生存"之类侮辱性的话语。

童第周始终坚信祖国的尊严不可侮辱，于是激愤地回击道："各位先生，请问你们到过中国吗？见过中国是什么样子的吗？凭什么这样侮辱中国人！"

那些人狡辩道："报纸上都是这么说的。"

童第周正色警告他们："你们的报纸都收了日本人的黑钱，甘愿为日本人驱使，现在日本侵略中国，当然要用谎言粉饰自己，只有诋毁中国才能达到他们的目的！"

紧接着，童第周又举例道："我来比利时之前，看报刊上说，欧洲的女人很坏，一个女人同时和好几个男人交往。那么，你的老婆有几个男朋友？你们的妈妈有几个男朋友？那些报刊上又说比利时闹饥荒，连面包也吃不上，等等，你说滑稽不滑稽？所以说，没有亲眼看见，就不要随便相信。"

在场的人听了都哈哈大笑，觉得童第周有礼有节，不卑不亢，于是转变了对他的态度。

在比利时的滑铁卢战场纪念馆里，有著名的环形全

童第周的故事

景壁画,每到周末,都会有很多游客慕名前来参观游玩。有一次,童第周和两个同学相约去纪念馆看壁画,回来时他们坐小电车,车上有很多空位,于是三个人就坐了下来。后来上车的乘客越来越多,车里也越来越拥挤。有几个比利时人上来后,发现没有空位,又看见童第周他们三个中国人坐在那里,其中一个高个子便走过来,拍了拍童第周的肩膀。童第周抬头一看,惊讶地看着他。

"喂,中国人,你站起来!"高个子命令道。

"为什么要我站起来?"童第周没有起身,反问道。

"因为这位先生没有座位!"高个子立马换了一副谄媚的嘴脸,指向自己身后的一个人。童第周这才看见高个子身后还站着一个矮胖子,手里提着文明棍,夹着公文包,貌似是个有地位的人物,而且傲慢地投来冰冷的目光。

童第周还是没有动。高个子见状,又大声呵斥道:"喂,中国人,站起来!把座位让给这位先生!"

童第周猛然站起身来,高个子以为他妥协了,便轻蔑地笑起来,恭敬地要把矮胖子护送到座位上。

这时,童第周伸手拦住他,说:"先生,请等一下!不管怎么说,我们不远万里来到你们国家,应该算是你

童第周的故事

们的客人,于情于理都应该是你们为我们让座。"他盯着高个子的眼睛说:"我可以让出这个座位,不过,请问为什么我必须把座位让给他呢?"

高个子吃了一惊,童第周的问题让他有些措手不及,他耸了耸肩膀,两手一摊,做出不屑的表情,意思是说,这还用问吗?

这个时候,站在一旁的矮胖子清了清嗓子,不耐烦地用法语说:"你们中国人真是没出息,整个东北都白送给日本人了,反倒来我们国家逞强占座位!"

童第周感觉自己受到了莫大的侮辱。对于一个身在异国的爱国者,没有什么比自己的祖国无端受辱更让人愤怒的!他顿时火冒三丈,对着矮胖子大喝一声:"不准你胡说八道!你凭什么说中国人没出息?"

矮胖子没想到这个瘦弱的中国人竟会在公开场合如此据理力争,听到童第周的大声辩解后,他全身抖了一下,接着故作镇定地挥了挥手里的报纸说:"报纸上说的,没看见吗?"他又把报纸一扬,指着上边的一幅漫画说:"你看,报纸上画得清清楚楚,你们中国人正向日本人下跪磕头呢!"矮胖子一边说,一边就要坐到童第周的位子上。

第三章
异国显锋芒

童第周一把推开他，愤怒地说："报纸上这样说，就一定是真的吗？你们的报纸拿了日本人的钱，日本人叫它咬谁就咬谁！"

童第周的暴怒令矮胖子十分震惊，车厢里的人都对这场争论投去关注的目光。

童第周见围观的人越来越多，便抓住机会，提高嗓门说道："先生们，这位先生说，我们中国人跪着把东三省送给日本人，这完全是对中国人的污蔑！我们的同胞正在浴血奋战，总有一天，我们会把侵略者赶出去！"

周围鸦雀无声，只听见"咔嚓"一声，童第周循声望去，看见有个人正拿照相机对着自己。他冷笑一声说："尽情地照吧，先生，但是不要忘了写上我是中国人！我要说，你们这样侮辱中国是毫无根据的！这位先生以为中国人可以随便侮辱，所以想把我的座位夺过去，结果碰了钉子，自取其辱！"

回去后，童第周将在电车上的经历告诉女房东。女房东拍手叫好，说："说得好！这种人真是败类，把比利时人的脸都丢尽了。下次如果再遇到这样的事，你可以按铃报警，车子就会停下来，让司机警告他们不要无理取闹。"

女房东的仗义执言，让童第周内心感到一阵温暖，也让他知道不是所有人都抱有狭隘的种族主义偏见。

几天后，童第周痔疮发作，不得不住院治疗。他躺在病床上，无聊之余，顺手拿起桌上的一份比利时报纸，发现这份报纸极尽造谣污蔑之能事，无所不用其极地抹黑、丑化中国人。他气愤难平，当即强烈要求出院。

出院后，童第周找到住在附近的一个中国留学生，商讨如何向比利时当局提出抗议。他们讨论了几种方案，最后决定由童第周起草一封告中国留学生的公开信，并在当晚把信投进一些中国留学生住房的信箱内。

收到信的中国留学生纷纷响应，第二天他们按照信中的约定，来到一家咖啡馆的地下室会合。大家决定组织中国学生会，并分头去做示威游行的准备工作。童第周又和其他同学分别到另外几个城市去联络中国留学生，很快组成了中国留学生总会，童第周被推选为总会的负责人。

之后，童第周白天照常到实验室做实验，晚上一回到住处就埋头起草、刻印传单。那段时间，他的房间里经常通宵亮着灯，总是人来人往。一股股激流正从比利时的各个地方向这里汇集，其中蕴藏着巨大的能量。终

第三章
异国显锋芒

于有一天，能量爆发了，留学生们冲上街头，秩序井然地来到日本驻比利时大使馆的门前。

"日本侵略者必须从中国滚出去！""全世界人民联合起来，制止日本帝国主义的侵略战争！"童第周一边带领游行队伍高呼口号，一边迅速把传单撒到人行道上。

日本大使馆的门岗见势不妙，立马紧关大门，并向日本大使汇报。日本大使给比利时警察局打去电话，要求警方出面制止中国学生的示威游行。

童第周等领头的五人发现形势不妙，立即走进附近的咖啡馆磋商应对办法。但警察很快包围了游行队伍，不由分说地抓捕童第周等人，把他们关了起来。

不久，警察局以"扰乱社会治安"的罪名起诉了童第周等五名中国留学生。

在法庭上，一位律师从地方法律角度为游行学生辩护，认为他们没有"扰乱社会治安"，只是一种正当的抗议行为。律师讲完后，又有一位义务律师站起来。他是比利时前任司法部长，受比京大学法律系教师的委托，为中国留学生进行道义上的辩护。

"法官先生，我为你们这种不公道的审判感到羞愧！"律师稍稍停顿，接着说道，"日本人侵占了他们的国土，蹂躏他们的故乡，成千上万的中国老百姓无家可归、颠沛流离，难道他们的同胞连游行的权利也丧失了吗？假如别国占领了比利时，是否比利时人连游行的权利也没有了呢？"

法官听了虽然很不愉快，但也无言以对。中国留学生则十分感动，尤其是来自东北地区的留学生。

"学生们虽然在日本大使馆门前抗议日本政府的侵略行为，但是他们有组织、有秩序，是一种完全正义、合法的行为。"律师继续辩护道，"比利时政府没有理由干涉这种正当的游行活动，反而有义务支持他们的行动。否则，我们将受到世界舆论的谴责。"

法官和陪审团的态度开始松动，经过商量，法官决定先休庭，之后再决定如何判决。再次开庭后，因为比利时政府忌惮日本的势力，法院最后判处将童第周等中国留学生关押两个星期。

这个审判结果引起比京大学师生的强烈抗议，许多新闻媒体对审判结果也表示不满，比利时前司法部长继续向司法部门发出质询。在公众强大的舆论压力下，法院只好改判缓期执行，释放了童第周等人。童第周的政治热情就这样被无情镇压了，但这并没有阻挡他为祖国

第三章
异国显锋芒

奋斗的脚步。

一个星期后,警察局又找到童第周,并威胁他说:"这次是你运气好,下次未必这么好运,你还是收敛一点,如果再闹,就将你驱逐出境。"

童第周从警察局出来,直奔达克教授家。达克教授得知童第周遭到了警察局的威胁后,气愤地说:"岂有此理,还有这样的事情?"他想了想,又对童第周说:"我有一个办法,不妨一试。你最好先去警察局办一个到法国的签证,万一被驱逐,可以先到法国避一避,海滨实验室会欢迎你的。"

童第周也觉得这条退路比较稳妥,他找时间去法国驻比利时大使馆,办好了到法国居住的签证。

"我的祖国需要我"

1933年的一天,达克教授与童第周并肩走出实验室,他亲切地问童第周:"记得你刚从中国来的那一年,曾

童第周的故事

经带来一篇论文,我们至今还没有弄明白这篇论文的含义,你是否能向我解释一下?今天你到我家里吃晚饭,咱们聊聊,好吗?"童第周爽快地答应了。

当天晚上,在达克教授家里,童第周把自己的论文观点详细地阐述了一遍。达克教授听了连连称赞道:"非常好,很有见解!这是你的博士论文吗?"

"不是,"童第周答道,"我还不是博士。"

当年童第周带着这篇论文来到比利时,达克教授误认为他是博士,那时童第周还无法熟练地使用法语,所以这些观点没有被充分理解。

达克教授认为,像童第周这样优秀的学生,没拿博士学位实在是太埋没人才了。因此,他对童第周说:"美国人搞的定位受精法,方法不是很好,你看看能不能改进一下?"

受达克教授启发,童第周用棕蛙卵子设计了一个精巧的实验,这个实验的结果修正了当时胚胎学界公认的一个结论:卵子的受精面决定卵子对称面。

与此同时,童第周还继续关注海鞘的研究。在对海鞘早期发育的研究中,一方面,他证明了在未受精卵子中已经存在器官形成物质,而且有一定的分布,精子的

第三章
异国显锋芒

进入对此没有决定性影响。另一方面,他说明了卵质对个体发育的重要性。这项研究的成果是开创性的,使童第周成为中国实验胚胎学的创始人之一。

完成这两项研究后,童第周将研究成果写成论文,交给达克教授审阅。达克教授审阅后赞不绝口,说:"童,你的方法比美国人的好!这两篇论文,无论哪一篇都能当作博士论文。"

童第周经过衡量,决定选择有关定位受精的论文去申请博士学位。

达克教授所在的实验室属于比京大学医学院,因此,童第周要通过论文答辩,还要得到另一位教授的同意。那位教授脾气古怪,当童第周拿着论文找到他时,他傲慢地说:"我不认识你。你到比京大学这么长时间,难道不拜访各位教授吗?"

童第周一听,倔脾气也上来了,回道:"教授,难道学校有这样的规定吗?你不看的话,我这就拿走。"说完,他扬长而去,只留下那个教授在原地难堪。

事后,在达克教授的努力下,校方为童第周安排了论文答辩。答辩时,那个脾气古怪的教授没有出席。而参加答辩的其他教授都不能很好地理解童第周这篇深奥的论文，也提不出什么问题，只有达克教授能解释提问。

论文答辩第二天，达克教授兴奋地跑到实验室，告诉童第周："童，教授们已经讨论通过了你的论文和答辩，多数人认为应评为甲等，还有部分人认为应评为特等。因此，学校已决定授予你博士学位。"

在授予博士学位的仪式上，教授、专家们纷纷向童第周表示祝贺。童第周激动地说："我是中国人！我获得了贵国的博士学位，至少可以说明中国人绝不比别人笨！"

此时的童第周，万分思念自己的祖国。自1931年"九一八"事变后，中国备受凌辱，大好河山不断沦陷，国内的同胞都在浴血奋战，而他身为弱国公民，在比利时连起码的爱国权利也受到限制。他的老师和同学都劝他集中精力继续进行科学研究，不要去冒政治风险。达克教授也对他说："以你的能力，只要再潜心研究一年，写出一篇论文，就可以获得特别博士学位。"

但童第周最关心的并不是个人的利益，他想：我可以回到祖国继续我的研究！我有科研能力，又有科研成果，为什么不把这些奉献给自己的祖国呢？所以，他婉

第三章
异国显锋芒

言谢绝了达克教授的好意,说:"老师,贵国为我提供了一个很好的研究环境,但它已经不能让我潜心研究了。我们中国有句古话叫'士可杀不可辱'。我的祖国需要我,我要回到祖国去,在那里,我的研究将更有价值。"

达克教授被童第周赤诚的爱国精神打动了,他不无遗憾地说:"童,你现在离开比利时真是太可惜了,但我支持你,希望你回国后能坚持继续研究。"

1933年11月,中国国内发生了震惊中外的"福建事变"。童第周看到这个消息后,对陈铭枢、蒋光鼐、蔡廷锴等爱国将领推崇备至,同时也对国民党反动派的不抵抗政策极度愤恨,他回国效力的决心更加坚定了。

1934年春,达克教授向中国教育部发出童第周即将回国、请求照会的公函,使童第周从庚子赔款中得到了一笔回国的费用。

1934年7月,童第周告别比利时的师友,来到英国伦敦,在剑桥大学待了大概两周时间,学习实验生物技术。之后,他登上了从伦敦开往香港的轮船。在船上,他心潮澎湃,看着舷边的波浪,那翻腾的浪花就像他激越的心绪,难以平静。

4年前,他为了胸中的一口气毅然来到陌生的国度学习深造，为了证明中国人不比外国人差，他勤奋刻苦、不懈钻研，终于做出了骄人的成绩让外国人刮目相看。如今，坐在归国的船上，报效国家的前路已经逐渐明晰，正等待他意气风发地走上前去大展身手……

第四章 心怀报国梦

显微镜操作是一项相当精细的技术工作，不容外界有任何响动，哪怕有人走动，工作都得暂停。但实验室设在过道里，哪能保证没有人员走动？童第周只得把实验工作尽量安排在晚上或凌晨进行。

与山东大学共命运

1934年8月,童第周乘船到达香港。在香港逗留几日后,他因思念妻女心切,便乘船回到南京。

叶毓芬在大学毕业前夕生下了她和童第周的第一个女儿。毕业后,她在蔡堡教授的关照下当了大学助教,每月有60元的工资收入。从此,她一边教学一边养育孩子,还挑起了资助丈夫留学的重担。

童第周回到南京时,叶毓芬既惊讶又高兴。夫妻俩阔别4年,见面后凝视了许久,千言万语都化作无声的饮泣。

在家里休整几天后,童第周开始为自己的工作奔走。

因为对国内形势不甚了解,他想先回中央大学任教。他的老师蔡堡教授本来是中央大学的生物系主任,但因为局势动荡,中央大学里各派系之间明争暗斗,教学和科研风气很差,蔡堡教授心灰意冷,离开了中央大学,到浙江大学担任理学院院长,创办了浙江大学生物学系。

所以,当童第周就谋职一事征求蔡堡教授的意见时,蔡堡教授强烈反对童第周返回中央大学,他说:"中央大学早已不是当初的那个学校了,当前在那里是不可能做学问的,还是换一所学校吧。你若愿意,我可以推荐你到山东大学去任教。"

童第周听从蔡堡教授的意见,决定去山东大学。随后,叶毓芬也辞去中央大学助教的职务,带着女儿和童第周一起北上,来到山东青岛。

山东大学的前身是1901年创办的官立山东大学堂,当时设有文、理、工三个学院共七个系。学生虽不多,但师资力量雄厚。校长是赵太侔,他坚持兼容并包、学术民主的办学方针,克服重重困难,进一步加强学校的师资等建设。

经蔡堡教授出面推荐,童第周被聘请为山东大学生物系教授,在生物系开设了实验胚胎学、生物学史和进化学等课程,深受学生欢迎,教学成果也非常显著。

叶毓芬随同到达后,在家相夫教子。为了让妻子休养身体,童第周对叶毓芬说:"毓芬,你在家带孩子就不要再去教书了,做完家事,有了空闲,也可以搞学问。"此后三年,叶毓芬坚持每天到学校看书学习,并协助童第周进行科学研究,打下了坚实的实验胚胎学基础。

1937年,"七七"事变爆发,日军大举入侵华北。这年暑假,童第周为躲避战乱回到老家,一住就是两个多月。同年7月,童第周的第四个孩子童时中降生。因叶毓芬刚刚生产,不便行动,9月开学时童第周独自返回青岛。谁知不到一个月,迫于严峻的战争形势,山东大学不得不停课,开始做迁移准备。童第周只好又回到老家。

10月,童第周得到消息,山东大学将迁往安徽省安庆市。他马上带着全家动身前往安庆,不料途中因战事纷乱,交通线被切断,情形十分艰难。考虑到孩子们还小,童第周和叶毓芬商量后决定由叶毓芬带着孩子折返老家暂避,童第周独自前往安庆与学校师生会合。

一路上,童第周历尽坎坷,几乎全靠步行,露宿街头更是常事。他走了半个多月,在一些好心人的帮助下,

童第周的故事

终于安全进入安徽地界。由于战事影响，开往安庆的汽车很少，他只好暂时住下来等车。等抵达安庆城时，他身上仅剩2块银圆。

在车站的出口处，几个警察拦住童第周，厉声问道："上哪儿去？证件拿出来！"

童第周镇定自若地打开皮箱，取出山东大学的聘书递给警察。看过聘书后，警察依然不放行，一个带头的警察开腔道："查查他的皮箱。"说罢，便有几个警察推开童第周，但他们在皮箱里翻了半天也没有翻到任何贵重的物品。忽然，一个警察摸到一个信封，里面似乎装着一块硬东西，于是问道："这里装的是什么？"

"马蹄铁。"童第周回答。

"你一个老师带着马蹄铁干什么？"

"我曾经在比利时留学，西方人有个习俗，把马蹄铁看作避邪保平安的吉祥物。"童第周解释道。

"吉祥物？这是什么人给你的？"

"是我出发的时候，内人放进去的。"童第周淡定地向警察解释。

但警察们并不相信他的话："你不能走了，跟我们到警察局去一趟。在没有问明白马蹄铁的用途之前，我

们不能放你走！"

就这样，童第周被警察扣押。他觉得这些警察是无理取闹，但眼下是秀才遇到兵，有理说不清，他又急又气，一时束手无策。在关押房，他急中生智，将仅剩的2块银圆塞给警察，说："劳驾你跑一趟山东大学，帮忙捎个信，让他们来接我。"

第二天清晨，山东大学派人来接走了童第周。但童第周在安庆也没有停留多久，因为国民党军队在前线节节败退，安庆很快也沦陷了，山东大学只得再迁移到武汉。

在武汉还没站稳脚跟，时任山东大学校长的林济青便借口学校没有经费，要就地解散学校。童第周为人正直，深明大义，颇受同事们敬重，所以大家纷纷征求他的意见，问下一步该怎么做。

童第周认为既然校长解散学校的理由是经费不足，那么应该先去银行查询学校的账户余额，了解情况是否属实。大家表示赞同，于是几位教授代表来到银行，要求查看学校账户余额。银行经理此前已接到指示，对他们说，没有校长的签字，学校其余人等无权查询账户余额。

不管教授们如何据理力争，银行经理依然态度强硬。

童第周灵机一动，想到一个办法，他让一个教员先

第四章
心怀报国梦

行回校,请学生们作为代表与银行交涉。没过多久,山东大学的学生代表们便浩浩荡荡地来到银行门口,大声呼喊口号要求查账。看着群情激奋的场面,银行经理无力招架,态度也松了下来。

童第周趁机上前,正色说道:"你们不让教授查账,那就让学生们查吧,他们足以代表山东大学。"说完转身就走。银行经理生怕事态扩大危及自己利益,连忙叫住童第周说:"这位教授,且慢,我同意让你们查账,不过你得先让学生们回去。"

查账后,教授们发现山东大学的账户上还有9万多元的经费。于是,在校长林济青正式召集教职工宣布要解散学校时,童第周站起来质问道:"教育者应以办学为己任。据我所知,目前学校户头上还有9万多元,虽然钱不多,但只要节俭使用,学校还不至于走到解散那一步。"

当着众多师生的面,林济青被童第周的一席话说得顿感狼狈,又碍于童第周在师生中的威望,不敢发火,只得敷衍解释几句,宣布取消解散学校的决定,继续维持运转。

在童第周与师生们的共同努力下,山东大学暂时得以保留。但是战火还在继续燃烧,学校不得不迁往沙市,然后继续内迁至四川万县。

到1938年春,学校终于稍稍安顿下来。童第周给老家的叶毓芬去信,让她带孩子到重庆来。这年5月,叶毓芬将童宜中、童时中两个孩子留在老家,托付给童第周的大哥、大嫂照顾,她自己则带着大一些的童凤明、童孚中前往重庆。

没过多久,林济青在蒋介石召开的大学校长会议上,又提出了解散山东大学的想法,并得到了批准。山东大学的师生们知道后,尽管对林济青愤恨不已,但又无能为力,只好各奔前程。

在山东大学任教期间,童第周身兼数职,同时教授多门课程,如细胞学、遗传学、胚胎学、实验胚胎学和普通动物学等,从备课到实验,每一个教学环节他都一丝不苟,认真对待,以高度负责的敬业精神投入教学工作之中,培养了许多胚胎学方面的专业人才。

那时国内形势严峻,民众生活困苦。隆冬时节,学校没有条件供暖,童第周带领学生们在一间阴冷的实验室里上课。在将近两个月的时间里,实验室就像一间密封的冷库,气温一直处于-4℃左右。学生们冻得瑟瑟发抖,腿脚麻木。但童第周完全不受恶劣环境的影响,他以身作则,每次上课都早于学生进入实验室。

为了让学生们对胚胎学形成系统的认知,他讲课时十分注意从动态的、进化的角度来启发学生的思维。他认为,科研人员在钻研科学之前必须掌握系统的知识,这样才能在探索科学的道路上走得更稳、更远。

童第周以自己的实际行动,教会学生们在追求科学事业的道路上要披荆斩棘、迎难而上,也赢得了学生们的敬仰。

再苦再难也要做实验

山东大学解散后,童第周在重庆国立编译馆找到了一份工作,并申请了每月200元的文化基金,以便继续进行生物学研究。

不久,中央大学南迁到了重庆,校长罗家伦得知童第周也在重庆后,邀请他到理学院生物系任教。但理学

童第周的故事

院却擅自扣压聘书，安排童第周到医学院工作。

医学院远离重庆本部，单独寄设在成都的华西大学，童第周的恩师蔡翘教授也在那里任教，并在那里建立了我国第一个生理研究所。所以，童第周欣然到医学院就职。

童第周并非学医出身，医学院院长戚寿南为此非常轻视他，擅自收回了童第周每月200元的文化基金，使童第周的科学研究被迫中断。但戚寿南背地里仍继续以童第周的名义申请研究经费。

另外，戚寿南还亲疏有别，对自己亲自聘来的教授统一提高薪资，而童第周因为不会阿谀奉承，自然不在加薪之列。

童第周认为戚寿南身为院长却为人不正，果断提出辞职。戚寿南忙向童第周保证给他加工资，并顺势取悦童第周："童教授，这次我想把你的夫人叶毓芬女士也聘为讲师，不知尊意如何？"

童第周并不领情，干脆利落地回应道："我没有同你做生意，要什么交换条件！"

童第周一向痛恨见利忘义之人，他已经拿定主意，不会与这种人长期共事。

当时医学院的科研条件十分简陋，实验室的面积不到 20 平方米，而且设在过道里，人来人往，极不方便。实验室里只有一架双筒显微镜，这是实验室唯一一件现代化设备，而且只能大家轮流使用。

显微镜操作是一项相当精细的技术工作，不容外界有任何响动，哪怕有人走动，工作都得暂停。但实验室设在过道里，哪能保证没有人员走动？童第周只得把实验工作尽量安排在晚上或凌晨进行。万籁俱寂之时，总能看见童第周在显微镜下安静地观察研究。

因为显微镜的操作要求十分严格，童第周对学生的要求也很高。每次做完胚胎切割工作后，他都要一一察看，检查是否符合标准。他经常告诫学生科学研究容不得半点马虎。

为了培养学生们的表达能力和逻辑思维，他还经常开讨论会，由实验室的研究员轮流主讲，他则引导学生展开辩论。他总是鼓励学生要善于发现问题，不要害怕困难，看准了问题就咬住它，不轻易放弃。这种开放式的交流，使学生们获益良多。

工作之余，童第周则是一个慈祥、和蔼的长辈，经常和学生们闲话家常，关心他们的思想状态和生活状况，并主动帮助有困难的学生。

童第周的故事

在童第周和叶毓芬的带领下，实验室的工作气氛既严谨又活泼，学生们都很喜欢待在实验室里，似乎一进实验室，他们就有使不完的劲、讨论不完的问题。看书、写作、思考和做实验，已经成为他们生活中不可或缺的内容。

在成都的这段日子，因为日军的飞机经常来轰炸，童第周夫妇不得不带着孩子"跑警报"。每当防空警报一响，他们就只能中断研究，带着孩子到外面躲避。有时三更半夜，飞机一来，他们也得抱着孩子到处跑，第二天还要照常工作、生活。

由于时局混乱，不少人大量储存商品，随后哄抬物价，大发国难财。很多教师为了生活，不得不去多所学校兼课，以补贴家用。童第周则安于清贫，一心扑在科学研究上。

第四章
心怀报国梦

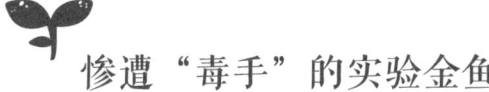
惨遭"毒手"的实验金鱼

在中央大学医学院任教时,童第周的文化基金被院长收回了,但他没有因此而放弃实验,而是将省下来的工资继续用于研究。他和叶毓芬在实验室的院子里放了一只大鱼缸,里面养了几十条金鱼。

在夫妻俩的精心照料下,金鱼一天天地长大,眼看就快到产卵期了,马上就能为童第周的金鱼遗传实验提供活体。童第周夫妇满怀期待,不料这个时候却出了意外。

当时,他们夫妇二人都忙于教学工作,大女儿童凤明在当地上小学,大儿子童孚中已经5岁,放在家中没人看管,平日里总是跟着同龄的孩子疯玩疯闹。

这天,童孚中和一个小朋友趁大人们埋头做实验的时候,偷偷溜到院子里,突然发现了鱼缸里养着的几十条金鱼。他们先是把手伸到鱼缸里逗鱼、抓鱼,后来干脆把这些金鱼从鱼缸里拿出来,放在手里玩。

103

童第周的故事

这些金鱼一直生活在水里,哪里经得起这样折腾,没过多久便一动不动了。随后,他们便把金鱼扔回了鱼缸。

看着满缸浮在水面上的金鱼,童孚中和小伙伴十分高兴,站在鱼缸边上拍手跳跃。院子里的动静惊动了屋里的童第周夫妇,他们远远地看到儿子站在鱼缸边,一种不祥的预感不由得涌上心头,他们对视了一眼,马上跑向鱼缸。

他们跑过去才发现不少金鱼肚皮朝上,漂在水面上。两人顿时火冒三丈,他们省吃俭用养这些金鱼是为了做科学研究,以便有朝一日能为祖国的科研发展做出贡献,而今天的这个损失简直是要了他们的命啊!

童孚中才5岁,正是调皮爱闹的年纪,他哪里知道,父母视科学研究如生命,失去这些金鱼要耽误他们将近半年的研究进度。

教训完孩子后,童第周夫妇瘫坐在地上,长吁短叹,一脸无奈。

后来,他们实在想不出更好的办法,只得让大女儿童凤明休学一年,在家看管这个顽皮的弟弟。

第四章
心怀报国梦

淘来的宝贝

1941年10月,童第周决定离开中央大学医学院,去中山大学任教。他的二哥童第德告诉他,虽然中山大学迁到了湖南,但没有固定处所,经常搬来搬去。

正在童第周犹疑之际,同济大学校长周均时得知这件事,热情地向童第周发出邀请,请他到同济大学担任生物系教授。童第周欣然答应下来。

1941年11月,童第周带着家人来到内迁至四川宜宾李庄镇的同济大学。李庄镇离市区很远,因为位置偏僻,相对安全,很多内迁的高等学府和科研机构都在此安家落户。

这个古老的小镇由于大批人员的涌入,物价飞涨,生活成本高昂,但教职工的薪资却没有相应增加,师生们条件非常艰苦。童第周家里也一样,一家人的吃穿用度都极度匮乏,生活十分清苦。他在房子后面储藏了大量地瓜，作为全家的主要食粮。

在教学工作基本走上正轨后，童第周和叶毓芬商量，想做一些研究。

当时同济大学理学院设在李庄一个叫"南华宫"的寺庙里。这个寺庙破败简陋，童第周所在的生物系就在其中的一个院子里，大约有 20 平方米，四五个科研人员挤在一起做实验，比中央大学医学院的"过道实验室"条件更差，而且一架显微镜也没有，根本无法开展胚胎学的研究工作。

冷酷的现实摆在童第周面前，没有经费，没有仪器，谈何科研？国民党官员偏安于陪都重庆，逐渐适应西南的气候条件，又过起了纸醉金迷的日子，没有几个人真正关心科学事业。童第周知道自己对社会现状无能为力，但他又不甘心就此中断生物学研究，只能苦苦思索出路。

一天，童第周看望朋友回来，一进门就兴奋地喊道："毓芬！毓芬！我找到了一样好宝贝！"

"哦，是什么好东西？"童第周的话激起了叶毓芬的好奇心。

"你绝对猜不出，是显微镜！一架真正的双筒显微镜！"童第周两眼炯炯有神地看着叶毓芬说。

第四章
心怀报国梦

一听是显微镜,叶毓芬也跟着高兴起来。这对在显微镜下携手工作的夫妻,已经很长时间没见过这种宝贝了。她一把拉住童第周的手,急切地追问道:"蔚孙,你在哪里看到的?还能用吗?快带我去看看!"

童第周说,这架显微镜是他在回家的路上偶然发现的,现在在镇上的旧货店里。

叶毓芬生怕去晚了显微镜被别人抢走,忙催促童第周赶紧到镇上把显微镜买回来。于是,夫妻俩略一收拾就从家里出发前往镇上。

来到旧货店后,两人站在显微镜前端详着,爱不释手,就像在欣赏一件稀世珍宝。这架显微镜已经很旧了,但在童第周和叶毓芬眼里,它就像久旱后的甘霖一样宝贵。在战乱年代的偏远山村,居然能找到这样一架精密的显微镜,属实难得!他们无比渴望把它买回去。

童第周招呼旧货店老板,指着仪器问道:"老板,这个显微镜多少钱?"

老板早就注意到了守在显微镜旁边的童第周夫妇,而且一眼就看出这是两个穷教授。因为有钱人根本不会买这个二手仪器,而经费充裕的教授也不会小心翼翼地询问价钱。

第四章
心怀报国梦

老板走过来,指着显微镜上的标签说:"这里有标价,6万元!"

童第周夫妇听了,不约而同地把手缩了回来,两人互相看了一眼,都不再作声了。

"现在只卖6万元,先生,您要买回去,那就是捡了个大便宜呀!要是在战前,即便掏10倍的价钱也未必买得到!"老板察言观色,见他们动了心思便一个劲地鼓动他们。

6万元,按照当时的物价水平,正好是童第周夫妇两年的工资!

童第周一下子说不出话来,老板以为他在犹豫,又补充道:"先生,您还是买了吧!这可是正宗的德国货,蔡司牌,在这块巴掌大的地方碰见合适的器材,多难得啊!机不可失,时不再来呀!"

童第周还是不说话,他咬着嘴唇站了一会儿,突然拉着叶毓芬走了出去。走出很远后,他又忍不住回头看了看。

"蔚孙,我们还是走吧!"叶毓芬轻轻地拉了他一下,两人心事重重地回到家里。

到了晚上,那台显微镜的影像越来越频繁地出现在童第周的脑海中,它是那样清晰、诱人。身为研究生物

童第周的故事

学的教授，实验仪器就像是他的眼睛和手脚。躺在床上辗转反侧的何止童第周，还有叶毓芬，她同样翻来覆去睡不着。两人心照不宣，各自想着自己的心事。

童第周想，如果能得到这架显微镜，中断许久的金鱼实验就可以继续开展了，这是他的梦想。叶毓芬也在想，怎样才能买下这架显微镜呢？结婚时的那些首饰在童第周留学时就卖光了，家里已经没有什么值钱的东西了。也许可以向学校预支工资？可是学校连科研经费都拖欠了好几个月发不出来，怎么可能预支工资呢？就这样，他们各怀心事地度过了一个无眠的夜晚。

第二天，他们又受内心的驱使跑到旧货店，只为看一看那台显微镜。这一次，他们再看标价，居然变成了6.5万元！

"老板，昨天不是还卖6万元吗？今天怎么涨了5000元？"童第周觉得旧货店老板在坐地起价，生气地问道。

"6万元是昨天的价钱，今天物价又涨了，所以我们也跟着涨。"老板一边忙自己的生意，一边漫不经心地说。

接下来的好几天，童第周一下班就跑到旧货店去看那架显微镜有没有卖出去。只有看到显微镜安然无恙地

第四章
心怀报国梦

摆放在柜台上,他才恋恋不舍地离去。

童第周那几天总是魂不守舍,一直惦记着那台显微镜,叶毓芬看在眼里,急在心上。不久,她终于下定决心,向亲戚朋友借钱,日后再慢慢还。

童第周有点为难:"可是,那样的话,说不定咱们一辈子也还不清这笔债!"

"为了事业,我们吃这点苦不算什么!"叶毓芬坚定地说。

童第周握着叶毓芬的手,激动地久久说不出话来。在科研的道路上,只有妻子最了解他,最关心他,也最支持他。茫茫人海,他能找到这样聪敏贤惠的人生伴侣,是多么的幸运!

打定主意后,叶毓芬开始到亲戚朋友家借钱。她告诉亲友们那架显微镜的重要性,以及她和童第周对这台仪器的渴望。亲友们也很支持,或多或少地借给他们一些钱。几天后,叶毓芬把借来的钱凑到一起,终于买下了那架德国制造的蔡司牌双筒显微镜。事实证明,这架昂贵的显微镜为童第周日后发表诸多引起轰动的科研成果立下了汗马功劳。

当童第周夫妇把这架显微镜搬回家时,全家人像是迎接贵宾一样郑重其事。童第周无比珍爱这个"伙伴"，每天都将显微镜擦了又擦，生怕它沾上一点灰尘。每次做完实验后，童第周总是把这架宝贵的显微镜带回家，细心保管起来。

从此，这架显微镜一直跟随童第周夫妇，记录下他们辛勤的工作，见证这对夫妻同舟共济、共渡难关的坚贞，也凝聚了老一辈知识分子忘我、无私的爱国奉献精神。

自从有了那架显微镜，夫妻俩便开始紧张忙碌地做起实验来：没有电源，就去市场上买几节干电池，接上一个小灯泡来照明。当时电池是稀缺商品，经常脱销，他们自然舍不得经常使用。为了保证实验的连续性，童第周想出一个"自然照明"的办法：晴天，在烈日下做实验；雪天，利用积雪的反光当光源。那段时间，他们顶烈日、冒风雪，不辞劳苦地探索生命的奥秘。

李庄是山区，不具备研究海洋生物的基本材料，童第周便因地制宜地利用当地的优势条件开展研究工作。这里的青蛙、蟾蜍、鱼类俯拾皆是，他就以这些常见动物作为研究材料。空闲时，他还经常组织同事和学生，一起提着瓶子在附近田野里采集实验用的蛙卵。

由于实验材料一般在冬季和初春才能采集到，实验

第四章
心怀报国梦

工作也只能在寒冬和早春时节进行。在寒冷的冬日，利用雪地里微弱的反光做实验，童第周的两只手经常冻得发僵。没有培养胚胎的玻璃器皿，他们就用粗陶瓷酒杯代替；组织切片没有载玻片，就到照相馆买些旧胶片，洗去药膜，做成载玻片；而他们所用的显微镜解剖器，只是一根被抽拉得极细的自制玻璃丝。当时没有制冰的条件，他们就上山取冰，用于胚胎实验降温冷冻。总之，他们竭尽所能地寻找可替代材料去补足那些不会影响观测结果的器具，让科研工作有序推进。

遇到阴雨天，室内光线太暗无法工作，他们就点上一盏煤油灯，几个人围着灯做实验。煤油灯释放的油烟熏得人眼睛疼，眼泪直流；因为靠得太近，煤油灯的高温和气味烤得人头昏脑涨，有时一不注意还会燎着前面的头发，但童第周和同事、学生们全然不顾这些困难，仍坚持工作。

正是靠着这架显微镜，童第周完成了许多有关金鱼卵子发育能力和蛙胚纤毛运动机制分析的实验，科研工作获得了重大进展，被国际学术界公认为是脊椎动物实验胚胎学的权威人士。他还通过坚持不懈的努力，成功嫁接了双头金鱼和多尾金鱼，引起人们的惊叹。他在比利时的师友们对此做出高度评价：童第周说到做到，他用自己的知识，为苦难的中国服务。

今天，这架功勋卓著的显微镜已被中国科学院海洋研究所（童第周为该机构奠基人）收藏，它始终激励着我们，通过它斑驳、陈旧的外观，我们不难想象出它曾怎样陪伴童第周度过那些艰苦的科研时光，他探索科学、追寻真理的步伐从来没有因为战乱而停止！

与英国学者李约瑟的缘分

1942年，在第二次世界大战最关键的转折时刻，英国政府决定派遣一批由科学家与学者组成的考察团前往中国，为那些受日军封锁的医生、科研人员和工程师提供援助。这些援助包括科研仪器、专业书籍、实验原材料等，从而加强中西方科学信息的传递和交流。作为英国皇家学会的代表之一，李约瑟也参与其中。

李约瑟是英国胚胎生物化学的创始人，和中国科学

第四章
心怀报国梦

界的渊源很深，1994年被评选为中国科学院首批外籍院士。他曾在《中国科学技术史》一书中明确肯定中国古代科学技术对整个世界文明进程的积极推动作用，以及为全人类做出的巨大贡献。

1943年3月，英国文化科学赴中国使团来华。李约瑟与其他团员来到中国云南，开始了长达4年的在华考察工作，对被困于中国西南地区偏僻乡野的各大院校、科研机构进行考察与援助。

在此期间，李约瑟和很多中国科学家、教育界人士结下了深厚的情谊，对中国的科研、教育状况有了深入了解。随着了解的加深，他深深地敬佩那些在困苦中排除万难、坚持科研工作的中国科学家。

1943年6月，在李约瑟的倡议下，英国政府在中国正式设立了官方机构——中英科学合作馆。

这天，童第周正争分夺秒地做实验，突然接到从重庆打来的长途电话，打电话的人正是李约瑟。李约瑟在电话里说，他正在中国进行科学考察，计划来看望童第周夫妇。童第周欣然答应了。

原来，李约瑟在重庆考察时听说童第周在宜宾的李庄镇工作，当年在法国海滨实验室无缘相见，这次来到

童第周的故事

中国，他最想见的人当中就包括童第周。

李约瑟非常欣赏童第周取得的科学成就，他一到李庄就急切地向童第周提出请求："童，让我们先参观一下你的实验室吧！"

"我们目前所在的地方就是我的实验室了！"

李约瑟的目光顺着童第周的手势转了一圈，只见实验室极其简陋，屋内没有通电，破旧的桌子上只有一些简单的设备，还有几个鱼缸。经过仔细"搜索"，李约瑟才发现了一台被严密保护的显微镜。

眼前破败的情形让李约瑟大为惊讶，他难以置信地问童第周："这真是太不可思议了！难道你就是在这样的条件下完成那些先进实验的吗？"

"正是！"童第周给出了肯定的回答。

"可是你们没有通电，怎么进行那些细致的实验呢？"

"我们的'电'都是取之于大自然。做实验的时候，我们就把桌子搬到外面，白天利用太阳光照明，冬天的晚上就用积雪的反光。"童第周笑着说。

假如不是亲眼所见，李约瑟根本无法相信童第周取得的那些斐然成果，竟是在如此残破的环境下完成的。

童第周的故事

他怔怔地看了许久才缓过神来，连声称赞道："童先生，这真是一个奇迹，科学史上的奇迹！在这样艰苦的条件下，完成那样高水平的科学论文，简直不可思议！"

离开小镇的时候，李约瑟终于忍不住向童第周提出自己的疑问："童先生，据我所知，布鲁塞尔的实验室条件很好，而且他们还能为你提供科研资助，你为什么偏偏要到条件这样差的地方来做实验呢？如果留在布鲁塞尔，你的成就将远远超过现在！"

"李约瑟先生，这个问题其实很简单，因为我是一个中国人，中国的科学家当然要在自己的祖国完成科学研究！"童第周真诚地答道。

"说得太好了！你是一个很有志气的中国人！你的祖国值得为你自豪！"李约瑟竖起大拇指，无限钦佩地说，"你这个中国人，简直是在什么条件下都能工作！"

"环境再差，我的研究也不会停，有什么武器打什么仗嘛！"童第周风趣地说。

与童第周的这次会面，给李约瑟留下了深刻的印象。有感于童第周的艰辛，李约瑟在返回英国前专门赠送给他一架显微镜，虽然是二手的，但对童第周的科研工作已是极大的支持，此后他们也建立了深厚的友谊。

第五章

危难见担当

童第周从比利时回国后，投身于教育事业，眼见民族危机日益深重，他义无反顾地支持学生的正义行动，表现出强烈的家国情怀。

 ## 日货廉价,尊严不廉价

旧中国的深重灾难无情地考验着整个中华民族,也让每个有良知的知识分子备感沉痛。童第周从小生活在通商口岸,耳闻目睹许多事情,深知外国势力对中国的蚕食和霸凌,因此,他自觉地把个人的命运与祖国、民族的命运联结在一起。

童第周从比利时回国后,投身于教育事业,眼见民族危机日益深重,他义无反顾地支持学生的正义行动,表现出强烈的家国情怀。

1935年,日本侵略者的气焰更加嚣张,国民党政府对外软弱退缩,对内则实施高压统治,这种反动做法激

童第周的故事

起了全国民众的强烈抗议。当时童第周任教的山东大学有不少进步学生就在中共地下党的领导下，多次发起爱国救亡运动。

一天晚上，童第周正在实验室里加班工作，突然有人跑来通知他，叶毓芬顺利分娩，他们的第二个孩子出生了。他很兴奋，急忙跑回家里。这个时候已经很晚了，他远远看见一栋教学楼的墙根下站着几个人，正围在一起讨论什么事情。他走过去，只见墙上贴着一张抵制日货的倡议书，发出倡议的正是他的几个学生。

借着昏暗的路灯，童第周看完了这份倡议书，了解到这几个被校方批评为带头"闹事"的"出头鸟"，其实都是具有爱国热情和民族气节的有志青年。他们不愿看到祖国沦丧，为反对日本侵略积极行动，深深打动了童第周。

出于对日本帝国主义的强烈愤恨，童第周一直身体力行，抵制一切日货。

曾有一次，童第周正与前来拜访的朋友交谈，一个推销商敲开了他家的门，向他推销一款日本生产的儿童车。这个推销商以前曾经上门推销过，知道童第周拒绝买日货，所以事先撕掉日本商标，换上国货商标，想以此蒙骗童第周。没想到童第周和叶毓芬在别的地方见过

这种儿童车，一眼便认出这是日货。童第周斥责了推销商的欺骗行为，并当面拜托朋友回北平后帮忙购买一辆国产儿童车。尽管运费高昂，但他坚持这样做。叶毓芬也很赞成他的做法。

现在学生们发起抵制日货的运动，童第周自然要支持，他从衣兜里掏出钢笔，坚定地把自己的名字签在倡议书上。

就在童第周签名的同时，一个反对"闹学潮"的教授恰好路过。他站定后，阴阳怪气地挖苦道："哎呀，真没想到，童教授竟然支持这些闹事的学生。"

"你错了，我支持的并不是你们所谓的'闹事'，而是这些学生抵制日货、坚决抗争的民族气节。"童第周铿锵有力地答道。

"用国货还是日货，这是个人的选择，学生们横加阻拦，实在是意气用事！日货物美价廉，为什么不能买？"那个教授气愤地反问道。

这时，周围已经聚集了不少学生，他们听了那位教授的言论后十分愤慨。就在学生们七嘴八舌地反驳那位教授时，童第周抬手示意学生们安静，然后不卑不亢地回应道："你的尊严难道也是廉价的吗？抵制日货不单

第五章
危难见担当

单是对日本侵略者的抗议，也是让全世界看到我们中国人对待这件事的态度，看到我们的民族是团结的，国民是有尊严的。学生们愿意牺牲个人利益，正说明他们深爱自己的国家，即使你无法理解他们的情感，也请尊重他们的行动，不要以长者为尊的姿态挖苦和讽刺他们！"

童第周的话音刚落，身边就爆发出学生们热烈的掌声。

面对童第周义正词严的驳斥和学生们不满的目光，那个教授非常恼火，觉得童第周话里有话，表面上看是支持学生，实则暗示和指责他卖国。他越想越气，拉扯着童第周，要去找校长评理。由于学生们的阻止，他最终没有得逞，只好灰溜溜地走了。

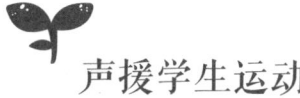
声援学生运动

在多次学生抗日救亡运动中，童第周始终支持学生，并挺身而出保护了一些学生，由此也可以看出他的抗日

童第周的故事

爱国立场。

1935年12月9日，北平学生掀起了震惊中外的"一二·九"抗日救亡运动。山东大学的学生也积极响应，他们高举抗日救亡大旗，向全国各地发出号召和声援北平学生的通电，呼吁广大学生走上街头宣传抗日救国。

山东大学的学生运动声势浩大，惊动了南京国民政府。南京当局下令镇压学生运动，并逮捕了陈延熙、李声簧、王广义等领头的学生。后来，在山东大学师生及爱国人士的声援下，国民政府释放了这些学生。但迫于国民党当局的压力，山东大学召开校务会议，以"行动越轨，破坏校纪"为由，开除了王广义、陈延熙等6名学生。

校方的决定再次激起了全校学生的反对，他们派出代表与校方交涉，要求校方收回处罚决定，但却遭到拒绝。学生们为此奔走呼吁，号召大家罢课，并成立纠察队维持校内秩序，保护被开除的同学。

青岛市警察局派人冲进校园，对纠察队的学生大打出手，并抓走了王广义等20多名学生。随后，校方又以"结合被革学生，鼓动风潮，破坏校纪"为由，开除了程恒诗等13名学生。

童第周得知此事后，在学校教授会议上提出强烈抗

第五章
危难见担当

议,反对学校无理处分爱国学生,并请校方和青岛市警察局交涉,释放这些学生。童第周的抗议得了许多教授的支持。

为避免事态继续扩大,校方只得出面和警察局交涉,警察局释放了全部被捕学生。

这件事使教育部对山东大学校长赵太侔深感不满,认为他作风软弱,有纵容学生之嫌。此后,教育部拨给山东大学的经费越来越少,甚至威胁要停发经费。赵太侔迫于压力,只得辞去校长一职。

赵太侔辞职后,当局仍不罢休,坚持要开除为首的学生。在童第周等教授的竭力保护下,校方最后只给周瑛等学生记过处分。童第周还对几名中共地下党员学生采取保护措施,让他们尽快前往重庆,去那里继续战斗。

临行前,那些学生来向童第周告别,童第周请他们留下通信地址,后来他们一直保持着联系。

1946年8月,山东大学在青岛复校,赵太侔重新出任山东大学校长,力邀童第周再回山东大学执教。于是,童第周返回青岛参加复校工作,并担任生物系教授兼系主任。

1947年6月,在中共地下党组织的领导下,山东大学的学生在青岛举行了声势浩大的"反饥饿、反内战、反迫害"运动。校长赵太侔事先得到南京教育部和青岛警备司令部的警告,担心学生遭到逮捕和枪杀,忙出面劝说学生们放弃游行,但收效甚微。

6月2日凌晨,学生们不顾校方劝阻,坚持游行示威。游行队伍举着条幅,高呼口号,从山东大学浩浩荡荡地出发了。

童第周担心学生们发生意外,便紧紧跟在学生队伍的后面。青岛警备司令部的军警早已用铁丝网封锁了路口,学生们无法进入主干道,被堵在了路口。这个地方正好位于童第周居住的第一教授宿舍下面。

此时,校长赵太侔去警备司令部协商解决办法还未返回,军警却突然冲进封锁圈,大肆毒打学生,有的学生被军警揪住头发或衣服拖上大卡车,有的被几个军警围住用警棍捶打。

军警刚刚进入封锁圈时,童第周警觉地回到家中,想找到一个不被军警注意的最佳视角,留下军警暴打学生的证据。他回到家时,叶毓芬带着几个孩子正紧张地站在窗口往下看。他向叶毓芬简单说明游行的情况后,又到隔壁去找山东大学植物系主任曾呈奎教授,说想要留取军警与学生冲突的证据。曾呈奎义愤填膺,立即回

第五章
危难见担当

房间取来照相机。

这时,楼下的军警和学生队伍已经发生了严重正面冲突,场面十分混乱,吼叫声、痛骂声、哭喊声不绝于耳。在童第周夫妇的掩护下,曾呈奎教授站在楼上,及时拍下了军警殴打学生的场面。

之后,他们把这些照片提供给当地的新闻媒体。但有多家报纸表示为难,不愿就此事展开报道,只有《民言报》详细报道了学生游行被军警暴力镇压的情况,但遭到青岛市国民党党部的明令禁止。

童第周得知这一情况后,担心消息遭到封锁,学生们的努力将付诸东流,他决心让国人尽知山东近期的动向。

第二天,他通过各种途径弄到百余份《民言报》,并亲自列出一份全国有影响力的教授名单,由曾呈奎、叶毓芬、郑伯林等教授连夜将《民言报》邮寄到全国各地,以揭露反动当局的丑恶行径。

没过多久,山东大学的学生游行,得到了来自全国各地多所大学的声援。

军警抓走许多参加游行的学生,童第周和总务长周钟岐等人设法营救。他们直接找到青岛警备司令,向他揭露当天军警殴打学生的事实真相，要求立刻释放无辜学生，并将被打伤的学生送到医院治疗。

经过童第周等人的据理力争，青岛当局最终妥协，陆续释放了被捕学生。几名中共地下党学生运动负责人和教师，也在赵太侔、童第周等人的保护下，保留了学籍和教职。

与"三青团"的两次交锋

在重庆期间，正直而爱国的童第周，还经常与国民党的腐败官僚针锋相对地作斗争。

比如，李约瑟拜访童第周后，国民党政府听说了这件事，也开始关注童第周。他们希望借助童第周的威望，拉拢一批知识分子，于是很热情地拉他加入国民党。有一天，童第周家里来了几个自称是"三青团"的人，说要拜见童第周。

"三青团"是三民主义青年团的简称，是抗日战争

第五章
危难见担当

时期由蒋介石一手扶植建立起来的青年政治组织,直接听命于国民党。蒋介石以国民党总裁的身份兼任"三青团"团长。后来,这个组织逐渐成为国民党实行一党专政、进行反共内战、镇压爱国民主运动的帮凶。

"三青团"的负责人见到童第周后,满脸堆笑地奉承道:"早闻童先生有大学问,今日竟能让国际友人亲来拜访,实乃祖国之光啊!我受镇长之托,特地前来看望您,以表示对您的嘉奖之意!"

童第周不动声色地说:"我只是一个科学工作者,若能科学救国,当然责无旁贷。我想,只要是爱国的知识分子,都会义不容辞地这样做,并没有什么值得夸耀之处。"

"三青团"负责人一听到"救国"二字,赶紧附和道:"童先生果然是国之栋梁。不过说到救国,光凭知识分子的力量,到底弱了点,还是要倚靠国民政府啊!"

"国民党,国民党……"童第周波澜不惊,只是重复念了两遍国民党。

"三青团"负责人见状,以为拉拢很有希望,又接着游说道:"童先生学贯中西,在国内高校中有一呼百应之力,国民党很愿意和您这样的人才合作,不知童先生是否有意加入国民党?"

童第周的故事

童第周心中暗自发笑，看来这个负责人对自己并不了解。他想借机拆穿国民党拉拢知识分子的阴谋，便略施小计，欲擒故纵道："既然你们认可我是人才，那像我这样的人加入国民党后，待遇如何啊？"

"三青团"负责人脸上笑开了花，马上从口袋里掏出一张加入国民党的申请表，递到童第周面前，拍着胸脯保证说："童先生，这是入党的申请表，只要您正式加入国民党，兄弟我保证，到时候您只要尊口一开，想要什么都可以。"

他又抬头打量了一圈童第周的屋子，接着说："您现在身居陋室，吃穿用度上恐怕也很委屈。只要您加入了国民党，这些都不再是问题。再说，兄弟听说您做实验也缺少器材和经费，这个也是小事一桩，国民党会帮您偿还欠款、购置实验仪器。另外，再从我们'三青团'里挑几个能干的人，给您当实验助手，这样您的夫人就能安心相夫教子了。您看，这个安排怎么样？"

童第周听了冷笑一声，对一脸谄媚的"三青团"负责人说："让我加入国民党，待遇也不过如此嘛！"

"三青团"负责人有些着急，生怕童第周改变主意，赶紧补充道："怎么会只有这些呢？只要您加入国民党，

第五章
危难见担当

条件任您开,包您满意!"

随后,他又喋喋不休地说:"国民党的宗旨是三民主义,视民族利益为最高利益。国民党的目标达到了,童先生还怕得不到想要的东西吗?"他一边说,一边意味深长地看着童第周。

童第周胸中的怒火再也按捺不住了,他拍案而起,大声呵斥道:"不用再说了。你们嘴里的那套三民主义到底怎么样,我心里很明白。如今国家深陷危难,民众更是在水深火热中挣扎,你们竟恬不知耻,以国家之名义尽填私人之欲壑,良心何在?"

稍微平息了愤怒后,童第周接着说:"听说国民党的军队里流行什么'五子登科'和'三洋开泰',国家花费精力、物力、财力培养的这些军官,不可谓不是人才,可是等到国家要用他们的时候呢?一个个的脑袋里,装的净是买金子、占房子、吃馆子的肮脏事!这还不够,还要攀比排面、捧洋货、爱东洋、要现洋。这样的国民党人才,怎么对得起孙中山先生的三民主义?"

"三青团"的负责人在童第周这里碰了一鼻子灰,只好灰溜溜地走了。

还有一次,"三青团"的一个学生欺凌另一个学生,

童第周的故事

强迫他在复旦大学门前跪着。复旦大学的洪深教授路过看到这一幕,走过去问这个学生为什么跪在那里。该学生委屈地说:"'三青团'非说我犯了错,逼我在这里跪着,否则就要被毒打一顿。"

洪深听了非常气愤:"这简直是欺人太甚,没有证据就乱罚人!是谁给他们的权力能随便处罚学生?你站起来,不要再跪了。"于是,这个学生便起身回家了。

"三青团"的人知道这件事后,扬言要"教训"洪深,让他知道多管闲事的代价。

一天,洪深走进食堂吃晚饭,事务员见洪深进来便把门锁上,不让他出去。后来,"三青团"的人又威胁说晚上再"教训"洪深。

当时,童第周住在位于北碚复旦新村的教师宿舍,与洪深是邻居。洪深于1922年从美国留学回来后就在复旦大学任教,曾是童第周的老师,也是一位极富正义感的进步知识分子。童第周非常尊敬他。

这天晚上,童第周结束了一天的工作,从实验室回到家里。进门前,他刚好碰到隔壁的一位教授,两人打过招呼后,那位教授把"三青团"的人扬言要"教训"洪深教授的事情告诉了童第周。童第周大骂"无耻",

第五章
危难见担当

然后约了邻近的几位教授一起来到洪深家里，保护洪深。"三青团"的人一时找不到下手的机会，只好放弃。

尽管当晚平安无事，但童第周认为这件事存在隐患，必须防止意外发生。他向校方提出要求，务必严厉处理"三青团"的不法分子，并提议学校的教授们联名以罢教抗议，还亲自起草了罢教声明，然后张贴公示，并给在重庆开会的校长章益发电报说明情况。

章益知道这件事后，第二天就紧急赶回学校。他先找到"三青团"的负责人、教务长林一民谈话了解情况，然后召集全校师生开会，宣布处分那几个闹事的"三青团"学生，给他们记大过两次，同时发出警告，若再次发现他们这样胡闹就立即开除，还要求他们向洪深和其他教授赔礼道歉。会议结束后，章益亲自去看望洪深并表达歉意。

童第周与"三青团"的两次交锋，都表现得正气凛然，一方面是因为他胸怀壮志，不屑于向国民党的高官厚禄低头；另一方面则是出于强烈的爱国立场，他痛恨国民党的专制、腐朽和懦弱。这两次交锋，也让我们看到了童第周威武不能屈的气节和傲骨。

赴美考察避风头

抗战时期,山东大学生物系曾将一批仪器暂时存放在中央大学。1947年年底,童第周来到南京中央大学与吴有训校长联系移交事宜,准备将这些仪器运回青岛。

吴有训热情地接待了童第周,并顺利办理了仪器移交手续。之后,他高兴地对童第周说:"童教授,有个好消息要告诉你,最近美国洛克菲勒基金会将邀请几位中国著名教授去美国考察讲学,其中就有你的大名。"

童第周听了礼貌地笑了笑,客气几句后就告辞了。

1948年1月,童第周果然接到了美国洛克菲勒基金会寄来的邀请函,请他到美国去考察。童第周回家后,一言不发,把邀请函递给叶毓芬。叶毓芬接过来看了一眼,心中已明白了七八分。她见丈夫眉头紧锁,主动问道:"蔚孙,你想去吗?"

"眼下还拿不定主意。你也知道,我有几篇论文已经

童第周的故事

在美国和英国发表,现在能去美国考察,是个深入研究的好机会。可是,现在解放战争节节胜利,形势一片大好,我想亲眼看到国家解放,不愿意错过这个历史时刻啊!"

叶毓芬见他犹豫不决,建议他征求几位好友的意见。

童第周找曾呈奎教授商量此事,曾呈奎说:"蔚孙,虽说眼下解放战争的形势很好,但全国解放还得一段时间。这次去美国是了解国际科技发展前沿的好机会,对你将来的研究工作大有裨益,要抓住这次机会啊!"

曾呈奎的话让童第周稍微静下心来,但他依然没有下定决心。就在这时,山东大学中共地下党组织的一位负责同志找上门来。

前一年,在"反饥饿、反内战、反迫害"的斗争中,童第周作为山东大学教职委员会主席,一直致力于领导师生与国民党反动派做斗争。中共地下党组织通过这次运动,加深了对他的了解和信任。

童第周在斗争中得到中国共产党党组织的支持,也非常敬佩他们在国统区的抗争勇气和正义行为。现在党组织派人来找他,他猜想一定是有什么重要的事情,赶忙问道:"同志,有什么事需要我帮忙的吗?"

"童教授,不必紧张,不是什么大事。我们得知美

第五章
危难见担当

国洛克菲勒基金会邀请您到美国去考察,想了解一下您对此事的意向。"来人说。

"从学术研究上说,我自然是想去的,可就情感而言,我又想在这里迎接全国解放。"童第周解释道。

地下党组织的同志思考片刻后,说:"以现在的局势看,全国解放尚需一段时间,您不如先到美国考察一下,到时候再回来迎接新中国。"

"这是党组织的意见吗?"童第周问道。

"当然。"

这次和中共地下党组织的负责人会面后,童第周决定先赴美考察。

消息一经传出,各种谣言很快便流传开来。很多人说童第周这个时候去美国,肯定不会回来了;童第周的亲友也劝他尽量留在美国,以后有机会再把妻儿接过去。

但叶毓芬坚信童第周不会抛弃自己的祖国,她在童第周临行前说:"蔚孙,我相信你是忠于祖国的,到了国外,多学习、了解外面的先进科技,回来再报效祖国!你放心地去,家里一切有我,你自己多保重!"

这时刚刚过完春节,也就是1948年2月,童第周告别亲友和同事,第二次登上邮轮离开祖国,远涉重洋去美国考察。

曾呈奎也来为童第周送行了，事后他才听说因为童第周的言论比较亲共，已经被国民党列入黑名单，幸好他上船验票时用的是英文名字，这才躲过一劫。

童第周抵达美国后，被耶鲁大学聘为动物系教授，在这里工作了8个多月。后来，他又应邀到马萨诸塞州的伍茨霍尔海洋生物研究所担任研究员，并被英国剑桥大学聘为客座研究员。

1948年3月，身在大洋彼岸的他得到消息，他在国内被选为了中央研究院院士，成了中国的第一批院士之一。

"我要赶快回国去"

童第周刚到美国时，国内正在进行解放战争，于是，很多华人都来向他了解国内的情况。童第周一向憎恨腐败的国民党政府，便直率地说出自己对时局的看法。他的言论，让很多人认为他是共产党员，对他避之唯恐不及。

第五章
危难见担当

有一次，耶鲁大学教员会邀请童第周参加会议。童第周在会上介绍了国内战争的情况，并发表了时局评论，措辞激烈地批评了国民党的统治。

会议结束后，两位华裔教师把他叫到一旁，好心劝他说："童教授，你要小心啊，这里有许多国民党的眼线和特务，还是谨言慎行为好。如果你在这里说的话传到他们的耳朵里，再传回国内，恐怕你就危险了。"

童第周谢过他们的好意提醒，但对国民党反动统治的批判态度始终没有改变。

出于安全考虑，一些美国朋友劝童第周不要回国，而且美国有优越的研究条件和优厚的待遇。但童第周坚定地拒绝了他们的好意："我是一个中国人，我毕生最大的愿望就是让中国尽快富强起来，不再受人欺侮。我在国外学到的科学知识，毫无疑问应该首先为中国服务。现在我的祖国好不容易有了希望，我要赶快回国去！"

童第周在美国发表的一些言论，最终还是传到了国民党当局的耳朵里，在那个风声鹤唳的特殊时期，他们将童第周直接划归为"赤色分子"。

童第周的学生吴尚懃专门写信告诉他国内的情形，信中说，国内的谣言对他很不利，一旦回国，他很可能被捕，请他务必当心。但是，童第周回国的决心依然没有改变。

1949年4月，人民解放军发起渡江战役，以摧枯拉朽、排山倒海之势直逼南京。远在美国的童第周得知国内的情形后大为振奋，他依稀看到了新中国的曙光，决定马上启程回国。

为了避开国民党特务，童第周用化名买了回国的船票，乔装打扮后秘密登船回国。当船到达青岛港口时，叶毓芬、曾呈奎等人去码头迎接他。恰逢青岛警备司令部也派人来码头接人，曾呈奎紧张得捏了把汗。青岛警备司令部的人认出了曾呈奎，问他来接谁，曾呈奎只得实言以告，说是来接赴美考察的童第周教授。警备司令部的人压低声音说，童第周被认定为左派，已经被定成监视对象。

在场的很多人都担心童第周的安危，等他下船后便劝他先去大连避避风头，但童第周坚决不去，他说："一个即将倾覆的党派政权，自己都泥菩萨过河，怕它做什么？"

中华人民共和国成立前夕，国民党政府紧急动员大批文化名人、科学家撤往台湾。中央研究院的81位院士也围绕是否迁往台湾展开了激烈的争辩，童第周和其中58位院士毅然拒绝去台湾，决定留在大陆迎接全国解放。

第六章　甘当『拓荒牛』

每天清早洗漱完毕后,他站在桌旁草草吃两块点心就去上班,中午连午休时间也用来工作,更不用说周末的休息时间了。

党中央特批的还债款

1949年6月2日,青岛解放了。想到国民党的反动统治即将彻底终结,全新的中国呼之欲出,童第周内心的激动之情无以言表。

几个月后,毛泽东主席站在天安门城楼上,向全世界宣布中华人民共和国成立。全国人民欢欣鼓舞地迎接新中国。青岛市内到处张灯结彩、鼓乐齐鸣,民众纷纷涌向街市,兴高采烈地相互致意。童第周一家也在庆祝的人群中,他们亲眼看见五星红旗第一次在青岛上空高高飘扬。

新中国成立后,人们的工作热情异常高涨。童第周

童第周的故事

从美国考察回来后便调任山东大学动物系主任,仍然是学校维持委员会的领导成员之一。他和其他教授一起,负责山东大学的恢复工作。他不知疲倦,忙着组织教学,安排科研计划。

每天清早洗漱完毕后,他站在桌旁草草吃两块点心就去上班,中午连午休时间也用来工作,更不用说周末的休息时间了。虽然很辛苦,但当他看到教学楼和实验室内窗明几净、仪器整洁的新面貌时,内心无比舒畅快活,油然而生一种从未有过的主人翁之感。

一天晚上,童第周回到家中,对叶毓芬说:"为了建设我们的新国家,全国上下干得热火朝天,咱们真是赶上好时候了,我最近老觉得浑身充满了使不完的干劲。"

"是啊!想当初打仗的时候,咱们要想做些科研工作,真是一步一个坎儿,有时候还要提防别处射过来的明枪暗箭。咱们研究了半辈子鱼,还经常缺东少西,很多实验想得很好,可就是做不了,那时候真是觉得没希望了……"一直以来,无论在工作还是生活中,叶毓芬都任劳任怨,这还是她第一次向丈夫倒出心底的苦水。

"毓芬,咱们委屈的日子过去了,以后会越来越好。咱们现在还有不少债务吧?"童第周问道。

第六章

甘当"拓荒牛"

"嗯,在李庄买那架显微镜的时候,我找余姐借的钱还没有还,没想到一欠就是这么多年。"叶毓芬回答。

"不要紧,现在咱们都有了稳定的工资收入,每个月省出来一点,攒一攒,说不定再过一两年就把债务还清了。"童第周安慰妻子道。

第二天早上,童第周刚到学校,就听到背后一个熟悉的声音叫住了他。他转身一看,原来是系里的党支部书记。党支部书记走上前来,递给他一张汇款单。

童第周很纳闷,他接过汇款单看了看,说道:"书记,我已经拿了国家发的工资,怎么能再要这笔钱呢?您还是拿回去吧。"说完,他把汇款单退还给党支部书记,转身走开了。

到了下午,党支部书记又拿着汇款单来找童周第,童第周还是不愿收下,他说:"我不知道这笔钱的来由,不能收。现在国家正在搞建设,四处都需要钱,我怎么能占国家的便宜呢?您帮我把汇款单退回去吧!"

党支部书记笑着说:"童教授,我已经把你的意思向上级报告了,上级领导说,这笔款是专门让你还清购买显微镜欠下的债务的,我看你还是收下吧。这是中央专门寄来给你的!"

第六章
甘当"拓荒牛"

党支部书记提到了中央,这让童第周异常惊讶:"党中央?他们怎么会知道我的事情呢?"尽管他很感激党中央的关怀,但还是不肯收下这笔钱。

这天黄昏,童第周一家正在吃晚饭,党支部书记和学校党委书记又来找他。党委书记说:"童教授,这是中央汇给你们的一笔钱,专门用来还债的,您就不要再推辞了!"

"这可如何是好,要党帮助我们还清债务……"童第周接过汇款单,激动得眼泛泪花。坐在一旁的叶毓芬见了汇款单,也万分感激。

原来,山东大学党委得知童第周在抗战期间为了购置显微镜,欠下一笔巨款,以致家庭生活大受影响,于是在未征求童第周个人意见的情况下,专门向中央人民政府高等教育部(以下简称高教部)打报告说明此事。高教部对此十分重视,很快就批下来这笔款项,其数额正好就是童第周购买实验仪器所欠的债额。

真相大白后,童第周和叶毓芬夫妇都深受感动,十分感激党中央对他们的关怀,从此便更加专注地投入生物科学研究工作之中。

最权威的文昌鱼研究专家

对文昌鱼卵子发育的研究，是童第周在新中国成立初期最有代表性的工作之一。

文昌鱼在海洋生物进化史上具有重要地位，它形似小鱼，是一种介于无脊椎动物和脊椎动物之间的生物。一般只有 5 厘米长，体侧扁、两端尖。它们生活在海底，白天将下半身埋在沙中，仅露出前半部，到晚上才在海中觅食，以浮游生物为食。文昌鱼的寿命仅两年多，产卵季节只有短短两个月，一生仅能繁殖三次。

文昌鱼在世界上的分布区域有限。最初只在北美洲的某些海域发现过，直到 1923 年，美籍动物学家赖特教授在厦门刘五店附近的沿海地带，发现了世界上文昌鱼最密集的生长地。1935 年，童第周在青岛海滨寻找、研究海鞘的过程中，竟无意中发现了文昌鱼的踪迹。后来在我国烟台、茂名、海南等地，也陆续发现了文昌鱼。

第六章
甘当"拓荒牛"

由于文昌鱼卵子的获取难度较大,在当时国际上的文昌鱼实验胚胎学研究一直没有取得多大进展。当童第周开始系统研究文昌鱼后,决定首先解决文昌鱼的卵子来源问题。

他尝试了许多方法,终于成功解决了人工饲养文昌鱼的难题——他专门安排两名有经验的捕捞工人每天出海去打捞文昌鱼。文昌鱼捕捞回来后,放进实验室的海水鱼缸中,利用人工通气和投喂饵料的办法进行饲养。

经过观察,他们发现文昌鱼一般在下午6点到晚上9点间产卵和受精。这时,研究人员就要一直守在鱼缸旁边,一旦发现水中出现受精卵,立刻用吸管把受精卵一个个吸出来,放到培养皿中,然后用消毒过的海水冲洗掉卵膜表面的杂质和沙粒,再分别装到解剖杯中,交由童第周做下一步的研究实验。

童第周和叶毓芬、吴尚憨一般在下午6点前来到实验室,一直工作到深夜一两点,第二天早晨再来察看实验结果,然后把标本交给技术员做成切片,再用显微镜进行观察。

这种实验通常要持续一个月左右,十分辛苦。令人欣慰的是,他们的汗水最终换来了宝贵的实验结果。

童第周的故事

人工饲养文昌鱼后，他们发现了文昌鱼喜爱温暖水质的生活习性。此后，为了让文昌鱼经常产卵，童第周设法控制温度，以延长产卵期。

1952年，童第周以人工授精的方法在实验室里获得了文昌鱼的受精卵，经观察，这些受精卵的发育与正常受精的卵子并无不同。

童第周还注意到，能够进行人工授精的文昌鱼卵子似乎必须等到适当成熟的阶段，才有可能人工授精成功。这个发现也推翻了美国著名生物学家康克林等人认为文昌鱼不能人工授精的结论，使童第周等人的实验工作在世界生物学界的同类研究中处于领先地位。

文昌鱼的产卵期一般是在炎热的夏季，所以，童第周和其他科研人员不得不冒着酷暑，从白天一直工作到凌晨。为了保证实验的精确性，童第周往往要同时进行多组解剖观察，工作量很大。

除了文昌鱼，实验室里还有其他鱼类研究课题，科研人员经常连续工作10多个小时，童第周曾好几次累得晕倒在实验室里。

功夫不负苦心人，很快，我国对文昌鱼的研究便在国际上异军突起，不仅率先掌握了文昌鱼的饲养、产卵和人工授精技术，为系统研究文昌鱼的胚胎发育奠定了基础，还在文昌鱼胚胎发育机理的研究方面取得了重要成果。

从1958年开始，童第周陆续发表了一系列有关文昌鱼的研究成果，成为国际上最权威的文昌鱼研究专家。他绘制的文昌鱼胚胎发育预定器官图谱，多年来被世界各国的胚胎学著作广泛引用。

对于这些独创性的成果，很多学者建议童第周汇总成书，但他却说："写书牵扯到同一件事情的不同观点，要查看很多资料，太浪费时间了，不如多做实验。"他不愿意把时间"浪费"在文献堆里，因为在生物研究领域，还有更多、更新的课题等着他去探索。

被迫上任的副校长

作为一名富有爱国热忱、颇有学术造诣的教授，童第周在山东大学的师生中间很有威望。山东大学的校长兼党委书记华岗也很欣赏他。

童第周的故事

1951年年初，华东大学并入山东大学。在筹建山东大学新的领导班子时，华岗找到童第周，希望他能出任山东大学的第一副校长。但童第周毫无兴趣，唯一能让他全心投入的就是科学研究。因此，他婉言推辞道："华校长，我想，学校里还有更适合这个职位的教授，您不妨再找找他们。"

华岗继续劝说，但童第周似乎铁了心，坚决表示不当副校长。华岗仍不放弃。

当时高教司副司长张宗麟也来劝说童第周，童第周对他以礼相待，但始终不肯答应。华岗无奈之下，只得"背水一战"，他对童第周说："童教授，您如果不出任副校长，那我也不干了，请高教部另派校长吧！"

张宗麟一看形势不妙，连忙对童第周说："童先生，你当副校长是党组织的决定啊！"

童第周一听，也就不好再拒绝了。他想，如果不是中国共产党拯救了中国，那么自己的科学事业还会像从前那样在艰难中挣扎，中国共产党对知识分子珍惜爱护、坦诚相待，现在党需要他做些事情，他又怎能一个劲儿地推诿呢？现在正是自己报答党的时候，理应听党指挥。想通了之后，他终于接受了山东大学副校长这个职务。

第六章
甘当"拓荒牛"

1952年夏,山东大学在院校合并中,提出了"文史见长,加强理科,发展生物,开拓海洋"的办学新思路,从原先的18个系中分出10个系科和其他院校组建成10所高等院校,留下中文、历史、外文、数学、物理、化学、生物、水产8个系。此外,增设海洋学系,建立文学历史、海洋物理两个研究所。海洋学系和海洋物理研究所的设立,对后来中国海洋事业的发展具有重大意义。

1958年10月,山东大学迁往济南;之后以山东大学留在青岛的海洋、水产和地质等系作为基础,于1959年3月组建成了山东海洋学院,即现在的中国海洋大学,是中国第一所专门培养海洋科学技术人才的多学科理工大学。

童第周作为山东大学的副校长,主要负责科研管理工作,并兼任动物系主任。尽管有许多行政工作,但为了培养良好的学风,他每天雷打不动地到实验室做实验,这一举动极大地带动了动物系师生的研究积极性。

他还利用自身的学术优势,培养、招聘了一批国内外知名的专家学者。当时他在中国科学院海洋所兼职,于是抓住一些专家到青岛避暑的机会,邀请他们开展学术交流活动,这对提升山东大学海洋生物专业的学术水平起到了很大作用。

在这期间,他和华岗、陆侃如精诚合作,三人相互尊重,同心协力,开拓求新,使山东大学形成以文史见长的办学特色,呈现出一派生机勃勃、兴旺发达的气象。在山东大学的校史上,这个时期被称为继20世纪30年代之后的"第二个黄金时代"。

 新中国海洋科学的"启明星"

在山东大学任职期间,童第周对文昌鱼的实验胚胎学研究有了突破性进展,同时,许多新的研究课题也摆在了他的面前。要解决这些问题,仅靠个人力量是不可能的,必须依靠集体的力量。因此,当务之急是成立一个专门的科研机构。

1949年7月,中华全国自然科学工作者代表会议筹备会在北京召开,决定成立中国科学院。当时留在青岛的少数海洋科学家,如童第周、曾呈奎等人,也受邀出席了会议。

第六章
甘当"拓荒牛"

童第周和曾呈奎利用这个机会，找到筹备中国科学院领导人之一的竺可桢，建议在青岛成立海洋研究所。这一想法得到了竺可桢的认可和支持。

不久，经专门委员会讨论，在青岛设立海洋研究机构的决定最终确定了下来。考虑到我国海洋科研水平还很低，海洋生物方面的研究人员不足30人，决定先在青岛成立海洋生物研究室。

1950年8月1日，青岛海洋生物研究室正式成立，由童第周担任主任，曾呈奎、张玺为副主任。研究室设有生理、动物、植物、浮游生物、物理、化学6个研究组。这是中国现代海洋科学全面、系统、规模化发展的开端。

从1950年3月开始商调人员，协调筹备；到8月，人员、设备、图书资料到位后，科研工作便正常运转起来；至1950年底，研究室已有21名科技人员。

从1949年11月中国科学院正式成立，到1950年8月青岛海洋生物研究室开始运转，不到一年的时间内，机构设置、人员调动、资源配置等各方面完成统筹协调，不得不说这是一个奇迹。

据当时主持协调筹备工作的中国科学院军代表、著名植物学家吴征镒院士回忆："……在这一过程中，童第周

第六章
甘当"拓荒牛"

所表现出来的直爽、民主、宽厚、不计得失,是促进这一过程顺利进行的重要因素,给人们留下了极深的印象。"

青岛海洋生物研究室成立这一年,童第周48岁,距离他从比利时回国,已经过去了整整16年。他一生中最好的年华都在动荡不安中度过,如今年近半百,他终于有了一间安静的实验室。

1953年4月,在中国科学院院长郭沫若的大力推荐下,周恩来总理任命童第周为中国科学院水生生物研究所副所长。1955年6月,童第周当选为中国科学院首批学部委员(后称为院士)、生物地学部常务委员。

1956年2月,中央决定成立国家科学规划委员会。数百名科学家集中一处,开始编制中国历史上第一个科学技术发展规划——《1956-1967年国家科学技术发展远景规划纲要》(简称为"十二年科技规划")。在童第周、曾呈奎、毛汉礼等人的建议下,《中国海洋的综合调查及其开发方案》作为57项国家重点科学技术任务之一列入规划。

1956年夏天的一个早晨,童第周正在校园里散步沉思,研究室党支部书记突然叫住他,对他说:"童教授,告诉您一个好消息,中国科学院成立了4个学部,决定由您担任生物地学部的副主任,刚接到通知,请您明天去北京开会。"

许多著名的科学家参加了这次会议，他们热情洋溢地响应毛泽东主席提出的"向科学进军"的伟大号召，立志要为国家建设、民族自强鞠躬尽瘁。这使童第周对新中国发展科学和教育事业充满无限希望与干劲。

会议期间，坐在童第周旁边、时任国务院科学规划委员会秘书长的范长江，利用休息时间和童第周交谈，范长江问道："童教授，就您而言，搞科学研究和在大学里教书，哪个更得心应手？"

童第周思考片刻，回答说："上了科学研究的'火车'，就很难下车了，我当然希望把更多精力投入科研工作中。但教书育人也是利在千秋的大事，只是岁月不饶人，精力越来越不济了。"说完，他爽朗地笑了起来。

"咱们新中国的科学家们老当益壮，既然您更想投入研究，不如到科学院来吧！"范长江就势说出了想把童第周调到中国科学院的计划。

童第周没有马上给出答复，只说需要再考虑一下。范长江微笑着握住童第周的手，好像在说："我在北京等您的好消息。"

1956年8月，童第周被调到北京，出任中国科学院

第六章
甘当"拓荒牛"

生物地学部副主任。

刚开始,童第周在中国科学院动物研究所内上班,青岛海洋生物研究室为童第周建了一个小型的实验胚胎学实验室,共有10名研究人员,行政上委托中国科学院应用真菌研究所管理,研究经费由青岛海洋生物研究室拨款。

童第周的行政关系虽然在北京,但他每年大部分时间还是在青岛海洋生物研究室工作。尤其是到文昌鱼产卵的季节,他总要争取回青岛工作一段时间。

在童第周的领导下,青岛海洋生物研究室的队伍不断发展壮大,聚集了海洋生物学家曾呈奎、张玺、刘瑞玉,鱼类学家张孝威、成庆泰,海洋物理学家毛汉礼等一大批国内最优秀的海洋研究专家,成为新中国海洋科学的"启明星"。

1957年5月,中国科学院的生物地学部被拆分为生物学部和地学部,童第周担任生物学部主任。同年8月,青岛海洋生物研究室升级为中国科学院海洋生物研究所,童第周为第一任所长,在职人员也从当初的几十人发展到300余人;到1959年1月,又进一步扩建为中国科学院海洋研究所,在职人员增加到近600人;1960年5月,又增建海洋化学研究室，成为我国一个重要的综合性海洋研究机构。直到 1978 年，童第周一直兼任所长。

如今，中国科学院海洋研究所已经发展成中国规模最大、整体研究实力最强、学科最全的综合性海洋研究机构，在国际海洋科学界具有极高的地位。而童第周作为它的创始人之一，在海洋研究所的奠基、崛起、发展过程中留下了浓墨重彩的一笔。

让海洋研究为民生服务

从青岛海洋生物研究室成立，到扩建为海洋生物研究所，童第周领导科学家们在实验生物学研究领域取得了一批开拓性的成就，并且承担了许多有关经济动物的养殖、有害动物的防治等研究课题。

当时，中国的海水养殖业基本上是"靠天吃饭"，主要因为那时的苗种基本采用来源不可靠的自然苗，而且管理不够科学，所以产量很低。有一次，童第周看到

第六章
甘当"拓荒牛"

黄海、渤海一带捕捞的对虾,就问同事们:"对虾这么大,能不能人工养殖?"随即向助手吴尚勤提出了投入研究的要求。此后,吴尚勤开始研究对虾的生活史和人工育苗,率先搞清了中国对虾的发育史和产卵习性。

童第周鼓励研究人员说:"要克服一切困难,只要在实验室内人工培育一条仔虾,在科学上就是一种成功。"他还到渤海观察对虾幼体的活动,并在实验室展开对虾的人工授精试验。

到 1960 年,他们终于培育出了世界上第一批人工培养的中国对虾的幼虾,使对虾的系统研究和养殖技术领先于当时的国际水平。

曾呈奎、吴超元等科学家则在海带培育方面取得了不小的成就。

海带性喜低温,属于冷温带的孢子植物,不易栽培。对海带有了初步了解后,童第周把海带培植原理研究确定为海洋研究所的研究方向之一,由曾呈奎主持这项工作。曾呈奎等人通过大量的调查研究和观察,终于找到了多数海湾不能生长海带的原因,进而提出陶罐渗漏施肥法,解决了海带生长缺氮的关键问题。为了提高海带的单位产量,他们还进行了密植试验,利用日光灯和冰箱创造了海带夏苗低温培育法。

为了让海带的培植能跨过长江，1956年，曾呈奎还组织开展了海带南移试验，一举获得成功。他们还不断总结栽培技术，大胆采用农作物密植方法，大大提高了海带的单位面积产量。到20世纪70年代初期，中国人工栽培海带的总产量已达到30万吨干品，成为中国海洋水产业的领头产业。

防治船蛆也是海洋研究所的一个重要研究课题。

20世纪五六十年代以前，我国的钢铁产量不高，很多海洋船只得采用木质结构。船蛆是一种有害的无脊椎动物，从幼体时便吸附在浸入海洋中的船板上，继而钻入船板内部，侵蚀木板导致其腐烂，从而破坏船只。

1953年，在童第周的倡导下，娄康后等科学家开始深入研究船蛆的防除方法。在掌握船蛆的生活史和生活习性后，他们将涂有各种不同药料的木板置于海水中，一段时间后再检查木板被船蛆侵害的情况，从而筛选出了既有效又经济的防除船蛆的药物。经浸海实验，发现使用该药物处理后的木板，5年后仍有良好的防除效果。

童第周还十分注重对我国海洋资源的调查。1953年至1957年，他组织了规模空前的烟台、威海外海鲐鱼

第六章
甘当"拓荒牛"

渔场调查。这次大规模的海洋综合调查取得了巨大的成果,除直接应用于生产外,还对中国近海海洋环境和资源特点有了初步了解,为后来开展更大规模的海洋调查积累了丰富的经验。

与牛满江的科研合作

科研离不开合作交流,在国际交流合作方面,童第周与牛满江的合作是一段佳话。他们丰硕的科研成果,给了后来的国际交流很大的希望,也在国际科学界树立了中国科学家坚韧努力、不懈钻研的形象。

1972年2月21日,美国总统尼克松访华,打开了中美两国外交的大门。紧接着,很多美籍华人提出了回国探亲的请求,其中包括美籍华裔生物学家、坦普尔大学教授牛满江。这次回国,牛满江还打算拜访童第周,并访问中国科学院动物研究所。

童第周和牛满江在美国的时候就有过接触。那是1948年,童第周到斯坦福大学参观访问,在会见崔德教授时，认识了崔德的研究助理牛满江，之后还应邀到牛满江家里做客。牛满江对童第周印象深刻，总是尊敬地称他为童老师。后来，牛满江每次发表论文，都会将单行本寄给童第周，请他指教。

在牛满江来访前夕，童第周因心脏病正在京郊小汤山休养，知道这个消息后顿感振奋。他决定提前结束休养，到实验室做好准备工作，以便开展学术交流。

1972年8月，牛满江抵达北京，在中国医学科学院礼堂、中国科学院动物研究所先后举办了学术报告会，报告的题目为《核糖核酸的生物学功能》。北京的生物学学者听说有美籍华裔科学家要作学术报告，奔走相告，他们都迫切地想了解国外，尤其是美国的科技前沿动态。之后，童第周邀请牛满江到家中做客，两人交流学术问题，相谈甚欢。

牛满江比童第周小10岁，对童第周的实验成果敬佩不已。他谦虚地对童第周说："童老师，我们在国外一直关注您的研究工作，您在胚胎发育学和细胞遗传学方面的实验结果，在国外一直被人称道。尤其是文昌鱼的诱导研究，更被誉为杰作，我很希望有一天能与您合作。"

童第周对牛满江的研究也很感兴趣，他说："您所

第六章
甘当"拓荒牛"

做的核酸提纯研究工作是揭开生物遗传信息秘密的一个关键技术，很了不起。这方面，我们也一直想同您交流。"

通过这次访问和交谈，牛满江了解到自己与童第周有合作的基础。同年 12 月底，牛满江给童第周写信，正式提出合作请求，并且表示，因中国国内的实验条件太过简陋，希望童第周能去美国合作。

当时中国还没有与美国进行科研合作的先例，此事关系重大，童第周将牛满江的信和自己起草的申请报告递交给中国科学院动物研究所，由院部报中央审批。很快，由分管的副总理做了批复，提出了四个方面的要求：一是童第周以个人名义邀请牛满江来华合作；二是实验结果用两人的名字发表，童第周的名字冠前；三是文章仅限于中国发表；四是合作时间暂定为每年 4 个月。

不久，中国科学院批准拨款 15 万美元为添置实验设备。15 万美元在当时无疑是一笔巨款。

1973 年 5 月 15 日，牛满江从广州飞抵北京，和童第周开始探索中美科研合作的路径。这一合作意味着中美国家关系与民间交流同时起步。

这一年，利用牛满江带来的先进设备，即超高速离心机，童第周在细胞核与细胞质的关系研究方面取得了突破性进展。

每天天刚放亮,他们就来到实验室,守在鱼缸旁。一旦金鱼开始追尾,就用小网把它们捞出来带回实验室,用手轻挤雌鱼的腹部,促使它排出鱼卵,再加入稀释的雄鱼精液,使这些鱼卵受精。

接着,童第周小组把这些金鱼受精卵分成两组,使用尖细的玻璃注射针,把牛满江小组从鲫鱼细胞中的提取物分别注入两组金鱼受精卵中。

实验的过程艰苦而漫长,他们经常一干就是几个小时,而且制备核酸需要在 4℃ 以下的温度进行,所以他们做实验时都穿着笨重的棉袄。功夫不负有心人,在辛勤的耕耘之后,他们获得了丰厚的回报。

实验结果显示,在发育成长的 320 条幼鱼中,有 106 条由双尾变成单尾,占 33.1%,表现出鲫鱼的尾鳍性状。这种由注射鲫鱼信使核糖核酸而得到的单尾金鱼,是克隆技术在核移植之后的又一次突破,创造了细胞遗传学上的奇迹。

1973 年 10 月,《中国科学》刊物刊载了童第周与牛满江合作撰写的《核酸诱导金鱼性状的变异》论文。中美科技合作与交流之门就此打开。

第六章
甘当"拓荒牛"

1975年,牛满江申请继续合作。中央批准了这一请求,并发文号召各地热情地接待牛满江等科学家参观考察。

这一年,童第周和牛满江进一步开展试验,他们先从鲤鱼卵巢的成熟卵细胞质中提取信使核糖核酸,再将信使核糖核酸注入金鱼的受精卵中。结果发现,有22.3%的金鱼由双尾变成单尾,出现了鲤鱼的性状。而在未注射信使核糖核酸的对照组中,只有5.7%为单尾。经统计学处理表明,即使在不同属的动物之间,信使核糖核酸对于发育、遗传的诱导作用也很明显。

1976年,童第周与牛满江决定加大难度,在蝾螈和金鱼两种不同纲的动物之间进行诱导变异实验。实验的最初目标是看金鱼的尾鳍是否有变异,结果却发现在382条小鱼中,有4条像蝾螈一样在头部长出平衡器。这一实验说明,较低等的鱼类动物也会出现较高等的两栖类动物蝾螈的性状,从而证明核酸即使对不同纲的远缘动物的性状变异也具有诱导作用。

童第周和牛满江的实验,使我国在这个领域的科学研究水平处于世界前列,并为我国从分子水平研究发育生物学奠定了一定基础,也为以后发育生物学的发展开拓了道路。

"童鱼"降世

20 世纪 50 年代,童第周曾向中国科学院副院长竺可桢和尤芳湖教授介绍过克隆技术,但他一开始的核移植实验并不是为了克隆,而是想要进一步证明核质关系。

1963 年,童第周等人进行鱼类的核移植获得成功,并且实验在不同种的鱼类之间进行,比美国科学家前进了一大步。之后,在另一种更远缘的不同亚科间鱼类的核质杂种鱼,即由草鱼核和团头鲂的去核卵组合的核质杂种鱼身上,也实现了不同程度的性状变异,并繁殖到第二代。

此外,童第周还在不同科、不同目的鱼类中间获得了核质杂种胚胎和幼鱼,甚至在鱼和不同纲的动物之间,如将小鼠胚胎细胞核与去核的泥鳅卵组合,也获得了核质杂种囊胚。这一技术成果,在所有进行过克隆动物研究的其他高等动物中均无法做到。因此可以说,鱼类异

第六章
甘当"拓荒牛"

种克隆的成功，是基于童第周独到的科学见解。

在生物遗传学上，一般认为生物遗传的物质基础是细胞核内染色体上的基因，细胞质在遗传中所起的作用非常有限。而童第周则认为，细胞是一个整体，细胞内的细胞核和细胞质各有功能，互相影响，细胞质对遗传也起到一定作用。

为了证实这个理论，在中美第一次科研合作中，童第周与牛满江成功从鲫鱼成熟的卵子细胞质中提取遗传物质，注射到金鱼的受精卵中，从而诱导金鱼尾鳍性状改变，从双尾变为单尾，并遗传给子代。而这些变异了性状的鱼类后来也被人们称为"童鱼"。

1973年一个阳光明媚的早晨，在中国科学院动物研究所细胞研究室的实验现场，童第周和同事们正围在鱼缸旁边，欣赏在水里畅游着的几条金色奇鱼，每个人脸上都流露出欣喜的表情。

这几条金色奇鱼并不是普通的金鱼，而是童第周和他的研究组一道研究出的最新成果。细看这些奇鱼，无论外形还是游动姿势，它们都形似金鱼又似鲫鱼。它们既不是金鱼和鲫鱼杂交而生的后代，又不是天然生成的怪胎，而是通过细胞核移植，即无性繁殖技术克隆而创

第六章
甘当"拓荒牛"

造的新鱼种。不同于 1963 年童第周和科研组首创的同种克隆鱼,这些新鱼种是异种克隆成功的范例,是生命科学的世界奇迹。

童第周站在鱼缸前,心情久久不能平静。他像天真无邪的儿童一样欢欣雀跃,激动地捧起一只装着"奇鱼"的小鱼缸,去造访时任中央美术学院院长的著名画家吴作人,和他分享这个激动人心的好消息。

童第周见到吴作人后,将鱼缸放到桌上,然后坐下来笑道:"作人兄妙笔丹青,独具慧眼,依你看,这条鱼有什么不同吗?"

吴作人注目细看,过了一会顿觉异常,惊讶地说:"这条金鱼怎么是单尾?"

"正是单尾!但它不是金鱼。"童第周神秘地一笑,他的欢喜溢于言表。

"怎么是单尾,还不是金鱼?怪哉怪哉!"吴作人愈加惊奇。

童第周笑逐颜开,说道:"好吧,我就不吊你老兄的胃口了。今天我乐得暂抛身外事,和老兄来个奇物共赏吧。"接着,他将这条"单尾奇鱼"的来历娓娓道来,并说明了它在科学研究上的重大意义。

听了童第周的讲解,吴作人心中久久不能平静,想

童第周的故事

不到生命科学竟如此奇妙。童第周告辞后，吴作人油然生出强烈的创作欲望。他在比利时学习美术时就想为童第周创作一幅画，如今40多年过去了，一直未能如愿，今天他打定主意，要借这件大事了却心愿。

在思考好如何取材、如何布局、如何用笔后，吴作人挥毫泼墨，一幅《睡莲鱼乐图》很快绘成。只见画面上红莲盛开、荷叶舒展，水中一条朱身单尾的奇鱼悠然地碰触荷叶，后面两条红色、两条黑色的金鱼嬉戏追逐。吴作人在轴首题款，并特意指出"单尾朱身者即是童鱼"。正是从这幅画开始，这些变异了性状的奇鱼被称为"童鱼"。

画好后，吴作人觉得仅这幅画作还不能尽抒胸臆，又拿着画去找著名诗人兼书法家的赵朴初。他向赵朴初介绍了童第周的科研新成果，说明作画原委，请他再题诗。赵朴初听了他的介绍后同样激动，挥笔写下了至今仍广为传诵的绝妙好诗：

异种何来首尾殊？画师笑道是童鱼。
他年破壁飞腾去，驱逐风雷不怪渠。

写完一首诗，赵朴初意犹未尽，又提笔续咏：

第六章

甘当"拓荒牛"

> 变化鱼龙理可知,手提造化出神奇。
> 十年辛苦凭谁道?泄露天机是画师。

这幅画作送到童第周夫妇那里后,两位科学家激动不已。因为这幅画绘出了中国发育生物学的辉煌,诗道出了生物遗传学探索的艰辛,而这"童鱼"正是记录童第周科学贡献的里程碑,它铭记历程、昭示前景。

1978年3月,童第周因"童鱼"的研究成果荣获"国家科技进步"一等奖。这一年,童第周已经76岁高龄,仍老当益壮,明确提出了自己攀登科学高峰的目标:"达尔文解决了各种生物进化的问题,我们要解决如何进化和加速进化的问题。"为了实现晚年的远大理想,他提出了开展克隆哺乳动物的设想,并实施这方面的人才培养计划。晚年的童第周进一步提出了动植物之间核移植的大胆计划,此时距离举世闻名的英国克隆羊"多莉"问世还要等30多年。

当时有很多人预言,假如童第周倡导的研究能继续深入突破,也许有一天会收获意想不到的奇迹:各种遗传疾病被消灭在胚胎里;癌细胞被研制成类似牛痘一样的疫苗，使人体产生免疫力；人类能理想地控制生理衰老过程，实现更年轻、更健康、更长寿地生活；鲜美的鱼虾又大又肥；大树上结出棉桃；小麦长在高粱秆上……整个世界将掀起一场生物革命。

童第周对此评述道："这确实是科学幻想，但不一定不能成为现实。科学是最讲求实际的，也是最大胆的。敢想，才有创造，才能出奇。不过首先还是要讲求实际。科学就是大胆假设，小心求证。只有敢于想象，才能够大踏步地向前发展。但是，大胆假设并不等于不脚踏实地。只有脚踏实地地工作，才能开辟通向理想的道路。科学上的许多重大突破，都是由一点点细微的成绩积累而成的。我现在只是在生物遗传的基础理论研究上为同代人和后代人做一点铺路工作，就像一捧沙土、一颗石子，让别的科学家踩在我身上继续往前走。就是失败了，让别人吸取我的教训，绕开这条道，也是有好处的。"

童第周一贯秉持"思想要奔放，工作要严谨"的态度，他甘为人梯，愿做平凡而高尚的"铺路石"。科学史的发展已经证明，科学的大胆幻想经过科学家的不懈追求往往会转化为科学的辉煌现实。

第七章 奋斗不容间

多年来，童第周从不轻信别人的结论，所有实验都必须亲自做过才行，甚至饲养实验用的动物，他也坚持自己动手。

实事求是的践行者

童第周曾说过:"我们的事业需要的是手,而不是嘴!"在科学实验中,他坚持身体力行地站在显微镜前,紧跟实验课题的进展。

有段时间,童第周与叶毓芬、张致一合作研究金鱼卵子的发育能力。在以往的实验中,童第周经常用切割技术使卵子的两部分彻底分离,从而清晰、方便地观察各自的发育情况。但这种做法也有一个致命缺点——由于切割的机械作用,有时会粘走或流失一部分细胞质,导致一些重要发育物质的损伤。为了防止细胞质外流,童第周创造性地采用头发丝来分割受精卵的办法进行实验。事实证明,这种方法是行之有效的。

童第周总是一再强调:"科学家不自己动手做实验,就变成科学政客了。"所以,他对于实验一向是"轻伤不下火线"。有一次,他因为牙疼,一侧的脸肿了起来,而且高烧不退,只得卧床休息,但他心里一直记挂着实验室关于胚胎轴的课题研究。本来和牙医约定第二天要去看牙,但翌日一早他又跑回实验室继续工作。他这种一丝不苟、亲力亲为的科研作风,润物细无声地影响了他的学生们。

晚年童第周患有白内障,看东西总是模糊不清。实验室里的同事经常劝他说:"童老,您现在年纪大了,视力也不好,这些实验就交给我们这些年轻人来做吧,您在一旁给我们做指导。"

童第周很感谢同事们对自己的关心和体谅,但他不愿做闲人,他一生都严谨务实,以父亲"滴水穿石"的教诲来警示自己,对自己总是高标准、严要求。

他谢过同事后,说:"我们是科学工作者,成果都是靠实验一点点做出来的,我怎么能站在一边只动嘴呢?如果我不亲自做这些实验,又有什么资格指导别人?不读书,脑子要僵化;不动手,胳膊要生锈。搞科研的人

童第周的故事

就是要每天动手做实验,这才是我们的立身之本啊!"

接着,他又向同事们解释:"比如说,有人发现了一个现象,就有人看不到这个现象,即使两个人都看到了,他们对现象的解释也可能是仁者见仁,智者见智。不亲自观察、研究就盲目下结论,那是科学家的大忌,是最要不得的。"

多年来,童第周从不轻信别人的结论,所有实验都必须亲自做过才行,甚至饲养实验用的动物,他也坚持自己动手。他认为,不亲自观察、亲自动手做就得出结论,那是很危险的,也很难有所发现。

据童第周的学生、山东大学52级动物系胚胎组的毕业生王龙回忆,当时童第周已经是系主任、副校长、青岛民盟主委,会议多,工作忙,但他除了亲自讲授《比较解剖学》《实验胚胎学》《演化与遗传》外,每天还要到实验室做一两个小时的实验,几十年如一日,从不间断。甚至在晚年,他还向领导请求,尽可能保证他每周至少有5天的科研时间。

除了实验本身,童第周对实验后的论文撰写,甚至论文的插图和校对,也从不依靠其他人。

在写关于文昌鱼的研究论文时,需要用插图说明实

第七章
奋斗不容间

验过程,这些插图由很多密集的小点组成,需要用很细的笔针蘸着墨水一点一点地画,往往一张图就要画好几个小时,有时还要根据显微镜的观察反复修改。这些插图都是童第周自己画的。有一次,某杂志编辑部建议童第周将校对工作交给助手去做,童第周严肃地拒绝道:"我没有这样的助手,也不需要这样的助手。"

在指导学生写论文时,童第周告诫他们:"科学是老老实实的学问,研究工作一定要做到精确,容不得半点马虎和虚假。"他自己就是这一原则的忠实践行者,他尤其痛恨弄虚作假的行为。

有一次,他们做肿瘤免疫细胞实验,每个课题组的成员分得 5 只大白鼠作为一个实验小组。最后,因为实验技术的差异,仅童第周和叶毓芬两组获得了 100% 的成功,其他组只有 20%~100% 不等的成功率。面对这一结果,有人建议以童第周夫妇的实验结果发表论文,但童第周坚决反对,认为应该原原本本地、客观地反映实验的全部实际结果,不能只取符合自己愿望的那部分数据。最后,他们在发表的论文中取了课题组的平均值。

童第周的长女童凤明后来也成了一名科学家。有一次,她和父亲聊天时说到,有些科学家写论文时会根据实验结果稍加扩展,使论文显得更充实一些。童第周听了严肃地说:"搞科学研究必须坚持实事求是,有五分成果就写五分,绝不能写成六分。"由此可见,童第周对科学的严谨态度无比执着,他这种坚决杜绝虚假行为的态度,也潜移默化地影响了许多人。

随着年岁的增长,童第周的体力和精力逐渐难以支撑他再做实验工作,而越来越多的社会职务,也使他几乎没有了休息时间,对于一个年过七旬的老人,这些都变成了无形的负担。

爱妻的离世

对童第周来说,叶毓芬既是他人生道路患难与共的忠诚伴侣,又是他科研工作中的亲密合作者和得力助手。夫妻俩携手走过的近半个世纪里,一起做过最多的便是科研。

20世纪70年代中期,年过七旬的童第周仍在继续

第七章
奋斗不容间

向科学高峰攀登。每天一大早，他便和叶毓芬一起出门，前往动物实验室。他们总是提前两个小时到达实验室，夫妻俩几十年如一日，始终保持着这个习惯。

春天是金鱼繁殖的季节，这对童第周夫妇来说正是开展实验研究的好时节。每天早上6点左右，是金鱼产卵的时间。实验室有专门的鱼塘，里面养着用于实验的金鱼。

金鱼一开始排卵，实验室的研究人员便忙碌起来了。童第周端坐在立体显微镜前，叶毓芬小心地处理着金鱼的受精卵，研究组的助手们也全神贯注地进行着各个实验环节。在生化实验室里，研究人员已提前对鲫鱼卵子做了一系列复杂的提纯处理，从卵细胞质里取得核糖核酸。他们将盛着这种清纯液体的试管，小心地放到童第周的手边。

接下来就是童第周大显身手的时候了。在高倍显微镜下，他非常灵巧地拿着极其精细的钢镊，夹住一枚只有几毫米的鱼卵，准备撕去那层薄如蝉翼的卵膜。这个实验过程最需要的就是稳定性，实验者一不小心，就可能让一个小生命从此消失。

自留学时代起，童第周的准确性和灵敏度都是无人可及的。只见他夹住卵子的一端,轻巧地向两边一撕,卵膜便被剥离得干干净净。接着是把细胞核移植到别的卵细胞中,把鲫鱼的遗传物质准确地注入金鱼受精卵的细胞质内。童第周以精准的技术完成了受精卵的实验。

这种核移植实验的连续性很强,一旦开始就不能中断,一定要一批批地做下去,而且还要分出同类和异类对比组。所以,每次做实验都是一大早就开始,注意力要高度集中,并一直持续到下午两三点才结束。

实验者在此期间几乎连动都不能动。童第周年纪大了,精力和体力都大不如前,但他还是坚持做八九个小时的连续实验。终于有一次,他在长时间工作后,因体力不支而晕倒了。

叶毓芬的身体也在多年的科研过程中严重透支,她经常觉得体力不济。有时学生劝她在家多休息,有事打电话通知他们就行,但她仍亲力亲为,帮助童第周将实验的事情打理得井井有条。童第周后来回忆说:"她工作要求非常高,总是反复检查。在做细胞核实验的时候,全靠她的细心检查,实验才能顺利完成。"

后来,叶毓芬越发感到身体不适,但她仍一如既往地关心实验室的工作,经常到实验室看望同事们。那天,

第七章
奋斗不容间

她从实验室回家,路上碰到严绍颐,两人停下来寒暄了几句。严绍颐见叶毓芬的脸色很不好,说话有气无力,走起路来两腿僵直,怀疑她的身体出了大问题。

没过多久,童第周办公桌上的电话急促地响了起来,是家里打来的电话,家人焦急地告诉他叶毓芬的情况很不好,让他赶紧回家。童第周的心好像一下子被人揪起来,他把实验室的工作简单交代一番后就赶紧往家走。

童第周一进家门,发现叶毓芬躺在床上脸色苍白,呼吸也不顺畅,看来病情加重了。在邻居的帮助下,他把叶毓芬送到了医院。经过医生的奋力抢救,叶毓芬仍没有脱离危险。

三天后,这位与童第周在科学和生活中携手数十载的忠贞伴侣,带着万分牵挂与不舍,离开了人世。

除了去比利时留学的那段时间,回国后,童第周和叶毓芬很少分开,两人互相扶持,相依相伴46年。

1937年8月,童第周准备前往已搬迁到安庆的山东大学教书,叶毓芬生怕带着年幼的孩子会拖累童第周,于是就和孩子们回到童第周的老家童家岙,并在童第周大哥夫妇的照料下,艰难地抚养4个孩子。

1948年3月,童第周赴美考察,夫妻俩又分开了一年多的时间。这些分离,让他们更加认识到对方的珍贵,感情也越来越深厚。此后,他们一直相互陪伴,再也没有分开过。

童第周性格内向,为人刚直,他一心扑在科研工作上,在生活中对妻子相当依赖,而叶毓芬开朗率真,心思细腻,家里家外都是一把好手。年轻时,夫妻俩工作都比较忙,但叶毓芬总能在保证高质量完成工作的情况下,把家务打理得井井有条。有段时间,童第周收到的信件堆积如山,大部分回信是叶毓芬代笔的。

在相夫教子的同时,叶毓芬在科研工作中也取得了不小的成绩。童第周的研究论文,与叶毓芬合作完成的就有29篇,占其主要论文的60%以上。

童第周极其欣赏这位"上得实验台,下得厨灶间"的贤内助,曾高度评价她:"她工作非常突出,观察仔细,甲是甲、乙是乙,反复观察。统计也非常仔细,她总是反复计算,以求绝对准确。"

相伴走过46载光阴,如今叶毓芬溘然离世,这一突如其来的打击让童第周难以接受。他不止一次老泪纵横,痛苦地说:"我不仅失去了深爱的妻子,更失去了一位优秀的助手!"但是,斯人已去,长久地沉湎于悲

第七章
奋斗不容间

痛中也于事无补,他强迫自己尽快恢复工作状态。

他坚强地表示:"虽然她去了,但我想她的心还在科研上拴着,以后我要连她的工作一起完成!"

在叶毓芬去世后的很长一段时间里,童第周的实验室里仍然保留着她的桌椅和实验用具。童第周每天上班后的第一件事,就是细心地擦拭一遍这些实验用具,然后深情地凝视着它们,一切都好像妻子还在世的时候一样。

桃李满天下的教育家

童第周早年在私塾做过"小先生",大学毕业后又在大学担任助教。留学回来后,他先后在山东大学、中央大学、复旦大学、同济大学担任教授,在研究所带研究生。他为人师表,以崇高的品格和学术魅力征服了无数学生。

在大学任教期间,童第周的教学态度极其严谨、认真。从20世纪30年代起,他教授过普通动物学、细胞学、比较解剖学、遗传学、胚胎学和实验胚胎学等课程。每教一门课，他都认真备课，耐心讲授，努力引导、启发学生，开拓他们的思路，让他们能独立思考并解决问题。

在指导学生研究时，他强调学生要保持科研方向的一贯性，不要三心二意。科学研究最看重一步步地做好基础工作，只有掌握扎实的基础知识才能走得长远。因此，他严格要求学生夯实基础知识，这样才能迅速成长，为国家所用。

除了扎实的理论基础，童第周也很注重培养学生的实验动手能力。他对学生和助手的要求都很高，认为做科学研究必须从洗刷实验器皿开始。在教学过程中，他经常带着学生到野外寻找和捕捉青蛙，采集蛙卵，然后让学生拿回实验室培养，撰写观察报告。他还要求学生用玻璃棒自制玻璃针，给蛙卵做手术，学习移植蛙卵组织的操作技巧，并让学生观察、记录蛙卵的发育过程。

在童第周的实验室里，有个不成文的规矩，那就是工作时间不能看书和文献资料，更不能看报纸、杂志，禁止聊天、打私人电话，至于迟到和早退更是严令禁止。童第周认为，平时一定要多看书，多了解自己专业领域的先进理论，但是这些工作只能放在实验室之外，在实

第七章
奋斗不容间

验室里是坚决不允许的。

为了激励大家重视平时的业务学习,除星期日外,每天晚上,童第周都会派人对研究人员或学生在宿舍的学习情况进行检查和督促。他自己也经常说:"脑子要想紧跟时代步伐,就要多看书。"他要求学生每两周进行一次书报阅读讨论,老师和学生分别上台发言。这样的讨论不仅让学生们养成了读书看报的习惯,更锻炼了他们的表达能力和逻辑思维能力。

童第周经常对学生说:"在思想上我们要奔放,在工作中我们要严密。"他经常有意识地引导学生就不同的观点展开讨论,尽管有时也会发生争论,但往往在这样的争论中,能够激发出学生们不同的思考角度,从而使问题得到更优化的解决方案。

童第周还非常重视科技创新,比如细胞核移植的技术刚过关,他便开始抓细胞融合,接着又搞核酸诱导。他鼓励自己的学生吴尚懃说:"只要发现了问题,就要想办法探个究竟,争取解决它。"

吴尚懃早年的志向是当一名医生,但在大学二年级时选修了童第周的胚胎学课程后,她认为如果能探明生命在胚胎时期的发展规律,用人为干预的手段改变其环境条件，使其产生有益于人类健康的变异，要比医治好单个人的疾病更有意义。所以，她决定改专业，开始潜心于胚胎实验，毕业后留校在解剖科担任助教。

新中国成立后，吴尚懃被山东大学动物系聘请，成为童第周的助手，此后她一直在童第周的指导下开展科研工作，是童第周科研工作的主要合作者。在童第周的严格训练下，吴尚懃成长为一名出色的海洋生物学专家，在文昌鱼系统研究、硬骨鱼卵子细胞核移植及对虾养殖等方面做出了突出的贡献。

对于工作表现突出、业务能力扎实的学生，童第周善于慧眼识珠，他乐于提拔后辈，该重用时他会毫不迟疑地重用。比如他的研究生严绍颐和另一位大学生，在工作成绩、发表论文、自学进展和外语能力等方面表现突出，都被破格提升了两级。

如果和学生一起搞研究项目，发表论文时，童第周会与合作的学生联合署名，有时甚至把养殖实验用鱼的渔工的名字也放在作者栏内。他常常把学生的优秀论文及时推荐给《中国科学》等国内外学术刊物，有时还事先把自己的学术报告、学术论文拿出来征求学生的意见，以便于集思广益。

第七章
奋斗不容间

童第周对韩愈在《师说》中写到的"弟子不必不如师，师不必贤于弟子，闻道有先后，术业有专攻"几句深以为然，并时常对身边的人说："一个人不可能永远是别人的老师，因为时代在前进，但他可以永远成为别人的朋友。"

在培养人才方面，童第周非常强调学生的自我修炼和自我发展，这可能与他个人的成长经历有很大关系。因此，他在组织自己的研究班底时，要求十分严格。

童第周的细胞核移植研究工作组的规模一直很小，有时每个人都忙得团团转时，便有人向他提出增添人员的请求，他总是郑重其事地回答："太忙了，没有时间照顾新人，以免误人子弟，总不能耽误年轻人啊！"

他一直反对研究所的规模过大，认为研究所一般不要超过100人。对此他颇有一番见解："研究所所长一定要是一位科学研究人员，但是如果这个研究所规模太大，所长就要为许多社会事务奔忙，这样必然耽误科学研究。科学家不亲自动手的话，迟早成为科学政客！"

他这番话掷地有声。曾经有很多科学研究机构盲目地把规模扩大到上千人，导致机构臃肿负累、尾大不掉，最后不得不精简人员，回到以前的规模。由此可见，童第周作为科研领导人,眼光是很长远的。

同时,童第周也非常重视国际交流,积极为自己的学生和助手争取出国进修和合作研究的机会。1956年年底,中国科学院准备派科研人员到苏联考察并进修,童第周极力推荐尤芳湖、孙继仁两位年轻学者,并获得批准。20世纪70年代,童第周又促成了自己的得力助手史瀛仙、陆德裕到美国费城的坦普尔大学进修。

在50多年的教学生涯中,童第周培养出了许多在生物学领域做出杰出贡献的人才,比如著名生殖生物学家、中国哺乳类动物生殖生物学的创始人张致一,著名实验生物学家、细胞生物学家庄孝僡,著名发育生物学家朱作言等。

此外,还有一大批优秀的生物学家曾受荫于童第周,如李嘉泳、周才武、秦鹏春、陈大元、阎淑珍、吕连升、王秋、张天荫、蔡难儿、于建康等。

如今,童第周的学生及学生的学生遍布世界各地,真可谓:昔日园丁辛勤耕耘,今日喜看桃李芬芳。

第七章
奋斗不容间

出公忘私的老科学家

新中国成立后,全国上下百业待举,各行各业都集中力量投入国家的建设事业中。民众的生活水平有限,科学家群体也不例外。童第周家里人多,他们的经济状况总是捉襟见肘,但他从来不向组织提要求,心里念念不忘的是国家百废待兴,应该把钱用在刀刃上。

除了每个月的工资以外,他总是把国家额外给的办公补助原封不动地退回。比如,他在1955年当选为中国科学院学部委员(后改称院士)后,每月有100元的办公费,但他坚持如数退回。

后来,他和叶毓芬一起被调到北京工作,最初几年他们的人事关系仍在中国科学院青岛海洋生物研究室(所),加上他们每年都回青岛进行文昌鱼的研究,所以青岛海洋生物研究室(所)每年给他300元车马费,但童第周认为自己已经领了工资,这笔钱不能再收,便

童第周的故事

要求青岛方面不再发放。

晚年童第周的生活条件大为改善，但他仍廉洁奉公。组织上为他配备专车，但他为了抓紧时间工作，并且不影响司机休息，中午从不回家吃饭，而是带饭到实验室。

不是因公外出的时候，他从不用车，也不允许家人使用公车。有一次，家里的电视机坏了，孩子们请童第周的司机帮忙拉去修理，童第周知道后，狠狠地教训了孩子们一顿。还有一次，三子童时中到北京出差，想搭父亲的便车去中关村办事，结果又被数落了一番，童时中只好坐公交车过去。

新中国成立后，童第周的学生有的从其他学校转到山东大学教书，谁知工资不增反降，童第周就说服他们以大局为重、以科学事业为重，接受现在的工资标准。周才武教授从复旦大学调到山东大学后，工资比同时调入的其他教授高，童第周认为不能因为周才武是自己的学生就搞特殊化，于是说服周才武，将他的工资待遇降了一级。

1953年，童第周在山东大学任副校长，系务由曲漱惠教授代理。曲漱惠从山东大学毕业后一直担任童第

的助教，抗战初期还是童第周的科研合作者。他业务能力强，还有多年的行政管理经验。不久，动物系和植物系合并，需要童第周推荐一名系主任。童第周首先考虑的不是自己的学生曲漱惠，而是大力推荐了植物系的陈机教授，认为这样安排有利于合系后工作的开展。童第周这种大公无私的做法，受到了全校师生的钦佩。

童第周对自己的学生说："虽然我暂居领导之位，但是作为我的学生和家人，你们不仅得不到任何特殊照顾，可能还要吃亏啊！"

童第周的妻子叶毓芬在 20 世纪 30 年代就是中央大学的助教，一直到新中国成立之初才升任副教授。童第周作为她的领导，把她升为教授也是顺理成章，但童第周总是一次次地把名额让给其他科研人员，唯独避开叶毓芬。

叶毓芬理解童第周这样做是出于避嫌，为了支持丈夫的工作，她从来没有提出任何异议。叶毓芬去世后，童第周非常难过，经常痛心地说："她是那样出色的一位学者，可就是因为我，才不能被评为教授。我对不起她啊！"

童第周不仅对自己的爱人、学生要求严格，对子女

第七章
奋斗不容间

也从不搞特殊。他的儿女们从上学到分配工作,从来都是服从安排,祖国哪里有需要便到哪里去。直到晚年,童第周因为身体不好,才勉强同意让一个孩子回北京照顾自己的生活起居。

永不停息地探索

生物学是一门探索生命奥秘的学科,这条探索之路是无止境的。童第周深知生物学有广阔的前景,但是要让更多的人真正从事生物学研究,无疑将面临重重困难。他一直致力于这项工作,并试图开拓新的途径。

作为一个在科学道路上不断迎难而上的勇士,童第周善于从毛泽东主席的著作中汲取智慧,获得力量。

1978年年底,童第周终于以76岁高龄成为一名光荣的中国共产党党员。

未加入中国共产党之前,童第周就给自己立下规矩,要严格按照党员的标准要求自己;入党后,这个规矩也是始终如一被严格执行，毫无懈怠。他在生命的最后几年，依旧克勤克俭、竭诚奉公，以"春蚕到死丝方尽"的奉献精神为国家和人民服务。

1977年3月，童第周随中国科学家代表团访问澳大利亚，这次出国让他收获颇丰。他高兴地说："现在我们赶上了好时候，一定要好好地搞科学研究。为了祖国的未来，我要继续奋斗，把所有的生命和精力奉献给祖国的科研事业。"

当时国外同行已经开始使用录音机、摄像机等设备，但对于刚刚与国际接触的新中国的科学家来说，这些先进设备都是可望而不可即的。所以，跟国外同行进行学术讨论时，童第周只能用脑子记，讨论结束后再根据回忆整理出要点。为此他常说："出国访问对我来说是非常辛苦的，我要手、脑、眼齐上阵，还要不停地说，晚上回到住处再整理白天的情况。到国外交流是难得的机会，所以要抓紧每一分每一秒，每时每刻都不能松懈。"每次出国考察归来，他都是满载而归，带回丰硕的交流成果以及前沿的科学信息和学术动态。

不久，他被国务院任命为中国科学院副院长，并当选为第五届全国政协副主席。

第七章
奋斗不容间

　　童第周晚年希望在中国建一个世界一流的发育生物学研究中心，使研究人员能够专心致志地进行科学研究，并为国家培养新一代的科学研究人才。为此，他不知疲倦地奔波于天津、广州、上海、南宁、武汉、杭州等地，推广自己的科研成果，希望将其广泛运用于实际生活。

　　70多岁的他一工作起来就废寝忘食，还经常熬夜加班。年轻的同事们都劝他要注意身体，他却爽朗一笑，说："你们放心，我的身体非常好，我还要参与建设'四个现代化'呢！"

　　为了抒发胸怀，1978年2月，童第周在《诗刊》上发表了一首诗：

　　　　周兮周兮，年逾古稀。
　　　　残躯幸存，脑力尚济。
　　　　能作科研，能挥文笔。
　　　　虽少佳品，偶有奇意。
　　　　虽非上驷，堪充下骥。
　　　　愿效老牛，为国捐躯。

童第周的故事

这首诗涌动着的豪情可与曹操《步出夏门行·龟虽寿》中"老骥伏枥,志在千里;烈士暮年,壮心不已"两句比肩。这是76岁的童第周在全国科学大会前夕,向党和人民写下的豪言壮语。

1979年,为了让我国的生物科学事业得到长期稳定的发展,他制定了一个关于未来生物人才培养的计划,并打算在牛满江教授的支持和协助下,在我国建立一个世界一流的生物研究中心。

为了紧跟形势发展,他努力学习新知识,与时俱进。他每天晚上都挤出时间记忆新的英语词汇,并时刻关注下一代人才的培养。尽管健康状况不时亮起红灯,他还是多次抱病到天津、广州、上海、南宁、武汉、杭州等地作学术报告。

1979年3月2日,童第周应家乡人的邀请和蔡堡老师的嘱托,到杭州参加浙江省科学大会。开会期间,他先后参加了多场座谈会,做了关于细胞学方面的学术报告,跟当地的一些科研机构进行学术交流,还与浙江大学生物系的师生进行座谈。

3月6日上午,童第周向浙江省的2000多名科技、教育和卫生界人士做了题为《如何加速科学事业发展》

第七章
奋斗不容间

的精彩报告。他在作报告时激情澎湃,既总结了当时科学发展的方向,也表露了他为科学奉献的意愿。

演讲进行了一个小时后,童第周突然晕倒了。工作人员急忙把童第周扶到后台休息,主持人宣布休息10分钟,但没有一个人离开。他们由衷地敬佩这位带病坚持演讲的科学家,同时又担心他的身体能否承受得住。

10分钟后,童第周再次回到讲台,全场响起了雷鸣般的掌声。工作人员建议他终止这场演讲,可是他不同意,一直坚持到讲完为止。在场的听众都万分感动。

这是童第周的最后一次演讲,他后来一直为这场被迫中断的演讲感到遗憾。这次演讲结束后,他甚至来不及回家乡看看,只在杭州拜望了恩师蔡堡和乡里的一些贤士,并在杭州请故乡的亲友小聚叙旧。

回到北京后,童第周的病情恶化了,不得不住进医院。但是,只要身体稍有好转,他便要求重回工作岗位。

3月29日,就在逝世的前一天,他还一直要求回到实验室去完成他的研究。

3月30日早晨,童第周病危。这一天,这位把一生都奉献给科学事业的巨匠因抢救无效,永远地离开了人世,享年77岁。

作为 20 世纪世界著名的生物科学家，童第周在中国生物研究领域的卓越贡献，使得他注定被后来者铭记与崇敬。他的功绩，被人们交口称颂；他的精神，滋养后学不懈奋进；他的事业，将薪火传承下去，永不熄灭……